Zaray Losada
Idelsi Ramírez Roque
Edilberto Batista

**Lokales landwirtschaftliches Innovationsprogramm in der
Gemeinde Venezuela**

AF154849

Zaray Losada
Idelsi Ramírez Roque
Edilberto Batista

Lokales landwirtschaftliches Innovationsprogramm in der Gemeinde Venezuela

ScienciaScripts

Imprint

Any brand names and product names mentioned in this book are subject to trademark, brand or patent protection and are trademarks or registered trademarks of their respective holders. The use of brand names, product names, common names, trade names, product descriptions etc. even without a particular marking in this work is in no way to be construed to mean that such names may be regarded as unrestricted in respect of trademark and brand protection legislation and could thus be used by anyone.

Cover image: www.ingimage.com

This book is a translation from the original published under ISBN 978-620-0-05645-0.

Publisher:
Sciencia Scripts
is a trademark of
Dodo Books Indian Ocean Ltd. and OmniScriptum S.R.L publishing group

120 High Road, East Finchley, London, N2 9ED, United Kingdom
Str. Armeneasca 28/1, office 1, Chisinau MD-2012, Republic of Moldova, Europe
Printed at: see last page
ISBN: 978-620-7-39509-5

Copyright © Zaray Losada, Idelsi Ramírez Roque, Edilberto Batista
Copyright © 2024 Dodo Books Indian Ocean Ltd. and OmniScriptum S.R.L publishing group

INHALTSÜBERSICHT

SYNTHESE

Im landwirtschaftlichen Kontext der Gemeinde Venezuela werden Innovationen durchgeführt, die für den Ort typisch sind. Es wird jedoch als notwendig erachtet, ein lokales landwirtschaftliches Innovationssystem zu implementieren, das die logische und kohärente Beteiligung aller Akteure des Gebiets zur Förderung der Entwicklung ermöglicht. Um das Problem zu lösen, wird die folgende wissenschaftliche Fragestellung vorgeschlagen: ^Wie kann das lokale landwirtschaftliche Innovationssystem in der Gemeinde Venezuela umgesetzt werden? Als allgemeines Ziel wurde festgelegt: Ein Programm zur lokalen landwirtschaftlichen Entwicklung vorzuschlagen, das die Artikulation der Akteure für die Umsetzung des SIAL verbessert, so dass es sich auf die Lebensqualität der venezolanischen Bevölkerung auswirkt.

Durch die Anwendung verschiedener Instrumente und die Konsultation von Experten konnten die Grenzen und Möglichkeiten des landwirtschaftlichen Umfelds und dessen Einfluss auf die Innovationssysteme ermittelt werden. Dementsprechend wurden ein lokales Entwicklungsprogramm und ein Aktionsplan mit mehreren Interessengruppen entworfen, die darauf abzielen, die wichtigsten Herausforderungen des Gebiets in Bezug auf die ausgewählten produktiven Grundlagen zu lösen. Sowohl das Programm als auch der Aktionsplan beruhen auf den Grundsätzen der Horizontalität, Gerechtigkeit, sozialen Eingliederung und Beteiligung.

EINFÜHRUNG

Kuba ist dabei, das Wirtschafts- und Sozialmodell der sozialistischen Entwicklung umzusetzen. Vorgeschlagene Vision der Nation, Achsen und strategische Sektoren. Nationaler Plan bis 2030, basierend auf der Verabschiedung der Leitlinien der kubanischen Wirtschafts- und Sozialpolitik auf dem VI. Kongress der Kommunistischen Partei im April 2011: In diesem Plan wird den lokalen Regierungen eine wichtige Rolle als aktive Protagonisten und Manager ihrer eigenen Entwicklung zugewiesen, was ein höheres Maß an Artikulation zwischen den Akteuren des Wandels für das integrierte Management von Wissen erfordert, um wichtige endogene Transformationen zu erreichen, die die lokale Entwicklung fördern.

Im besonderen Fall des Agrarsektors werden Richtlinien vorgeschlagen, die darauf abzielen, die derzeitige Situation zu verändern, um die Ernährungssicherheit zu gewährleisten und ein höheres Maß an Ernährungssouveränität zu erreichen, indem in allen Bereichen mit Entwicklungspotenzial eine Importsubstitution angestrebt wird. Die Leitlinien

(177, 178, 179, 180, 181, 182 und 183) sind in diese Richtung ausgerichtet. Dieser komplexe Prozess erfordert die Vorbereitung von Beamten, Fachleuten und lokalen Akteuren auf die Übernahme und erfolgreiche Durchführung der Aufgaben, wobei der Aufbau von Kapazitäten im Vorfeld der Umsetzung ein wesentlicher und entscheidender Aspekt ist. In Übereinstimmung mit dem oben Gesagten heißt es in Leitlinie 200: "Entwicklung eines umfassenden Ausbildungssystems in Übereinstimmung mit den strukturellen Veränderungen, das auf die Ausbildung und Umschulung von Führungskräften und Arbeitnehmern in den Bereichen Agrarwissenschaft, Veterinärwissenschaft, Industrie- und Lebensmitteltechnologie, Wirtschaft, Verwaltung und Management abzielt, einschließlich der Aspekte im Zusammenhang mit dem Genossenschafts- und Umweltmanagement".Leitlinien der Wirtschafts- und Sozialpolitik der Partei und der Revolution (2011), 26-28.

In Anbetracht der Bedeutung des agroindustriellen Sektors für die Aktualisierung des kubanischen Wirtschaftsmodells, nicht nur wegen seiner Auswirkungen auf den Konsum und die Lebensqualität der Bevölkerung, sondern auch wegen der Schaffung von Arbeitsplätzen und des daraus resultierenden Einkommens, der Zahlungsbilanz und der Verflechtung mit anderen Wirtschaftssektoren durch die verschiedenen Produktionsketten, die die lokale Entwicklung durch ihre Auswirkungen auf die Wirtschaftsleistung der Gemeinde beeinflussen.

Die Landwirtschaft im Gebiet hat sich als ein kontinuierlicher Prozess entwickelt, der sich entsprechend den technologischen, wirtschaftlichen und sozialen Trends der verschiedenen Epochen, die aufeinander folgten, entwickelt hat. In den meisten Debatten über die Landwirtschaft und den ländlichen Raum auf territorialer, nationaler und internationaler Ebene kommt man zu dem Schluss, dass sich die Landwirtschaft in einer Krise befindet, was unter anderem auf die negativen Auswirkungen und die starke Abhängigkeit von synthetischen Pestiziden, Düngemitteln und Landmaschinen zurückzuführen ist (Altieri, 1994).Vielerorts gibt es jedoch Erfahrungen, die zeigen, dass es möglich ist, die landwirtschaftliche Produktion durch nachhaltige Systeme zu erhalten, sofern Landwirte und Techniker oder Berater beteiligt sind (Vazquez et al., 2004), 2004), und dies war die große Herausforderung für die wissenschaftlichen Zentren im Allgemeinen und für die Gemeinde Venezuela im Besonderen.

Die nachhaltige Landwirtschaft ist für viele Länder der lateinamerikanischen Region, insbesondere für Kuba und die Gemeinde Venezuela, zum neuen Paradigma geworden, da ihre Bedeutung für die biophysikalischen und sozioökonomischen Bedingungen der vorherrschenden landwirtschaftlichen Systeme, in denen die intensive Landwirtschaft gescheitert ist, argumentiert und akzeptiert wurde.

Daher wird davon ausgegangen, dass zur Förderung der Entwicklung der Agrar- und Ernährungswirtschaft in der Gemeinde Venezuela die Humanressourcen individuell und kollektiv mit einem agrarökologischen Konzept für eine nachhaltige Entwicklung und einem Schwerpunkt auf sozialer Gerechtigkeit vorbereitet werden müssen, das interaktive Lernprozesse hervorbringt, bei denen der Dialog zwischen wissenschaftlichem und bäuerlichem Wissen gefördert wird.

Dies setzt die Entwicklung sozialer, technischer, technologischer und methodischer Kompetenzen voraus, die den Erfahrungsaustausch begünstigen, was ein Programm erfordert, das den Teilnehmern Fähigkeiten zur kollektiven Erarbeitung von Vorschlägen, zur horizontalen Kommunikation und zur Anwendung partizipativer Methoden für den Austausch von Wissen und bewährten Verfahren vermittelt (Romero et al., 2017).

Die Aussagen der oben genannten Autoren unterstreichen die Notwendigkeit der Einführung eines lokalen landwirtschaftlichen Innovationssystems in der Gemeinde Venezuela, das als (...) Vorschlag für ein partizipatives Management von Innovation und Entwicklung auf territorialer Ebene betrachtet wird. Dies wird durch die Ausbildung von Personen unterstützt, die die Multiplikation dieses Wissens in den Kontexten, in denen sie agieren, durch die Umsetzung eines dezentralisierten Wirtschaftsmodells, das die Gemeinden zu Protagonisten ihrer Entwicklungsstrategien macht, erleichtern (Romero et al., 2017).

Dies erfordert die Schaffung von Kapazitäten bei den lokalen Akteuren durch die Systematisierung von Erfahrungen in Lernzyklen, die darauf ausgerichtet sind, zu lernen, sich zu beteiligen, Konzepte zu modifizieren, Prämissen zu zerlegen und ihnen einen Sinn zu geben, indem sie auf neue Praktiken bei der Suche nach Lösungen auf kreative Weise angewendet werden. Ergebnisse, die mit der Umsetzung des lokalen landwirtschaftlichen Innovationssystems (SIAL) erzielt werden können.

Das SIAL ist kein Rezept, sondern ein Arbeitsinstrument, das sich durch das Management von Wissen und die Entwicklung lokaler landwirtschaftlicher Innovationen in der Region auszeichnet.

Gemeinden, mit den Merkmalen der Horizontalität und der

lokale

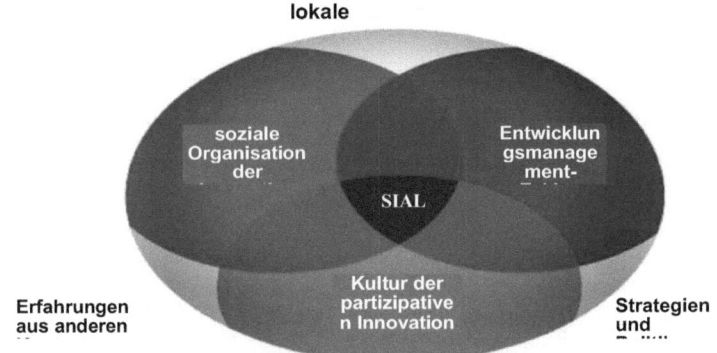

Abbildung I. Lokales landwirtschaftliches Innovationssystem.

Entnommen aus Texten zur Unterstützung des Diplomkurses für die

Die erste Abbildung bezieht sich auf die soziale Organisation der Innovation: die durch das System geschaffenen Räume und die Arten der beteiligten Akteure. Hier heben wir die lokalen landwirtschaftlichen Innovationsgruppen (Menschen mit gemeinsamen Interessen) und Multi-Stakeholder-Plattformen (Räume für die Konzertierung zwischen interessierten und beteiligten Menschen und Behörden) hervor.

Der zweite steht für lokale Innovationsmanagement-Zyklen. Systematisierte Praxiserfahrungen, durch die Handlungslernprozesse entwickelt werden können. Es ist ein Referenzrahmen für Aktionen. In ihm muss die Notwendigkeit berücksichtigt werden, große Gruppen von Menschen zu motivieren und zu organisieren und nach den notwendigen und ausreichenden Instrumenten zu suchen, um kollektives Handeln für das Management von Wissen in Abhängigkeit von ihren Entwicklungszielen und der Sozialisierung jeder Erfahrung zu erreichen.

Nicht zuletzt geht es um die partizipative Kultur. Hier ist es wichtig zu betonen, dass die von der SIAL bereitgestellten Aktionsräume und -hinweise nicht ausreichen; man muss lernen, sich zu beteiligen und die Grundsätze der Horizontalität, der Gleichheit und der sozialen Eingliederung in die Praxis umzusetzen.

Diese Konzeption des SIAL zeigt die Notwendigkeit, ein lokales Entwicklungsprogramm in der Gemeinde Venezuela umzusetzen, das sich durch einen integralen Ansatz mit wirtschaftlichen, produktiven, ökologischen und soziokulturellen Dimensionen auszeichnet, der an die Bedingungen des landwirtschaftlichen Kontextes angepasst ist und der dazu führt, dass die Menschen, die es umsetzen, Lernen in Aktion entwickeln, mit Beteiligung, Motivation und Interaktion, um die Probleme vom Kollektiv aus zu lösen.

In Anbetracht der obigen Ausführungen ist es notwendig, die Bedingungen zu schaffen, die eine logische und kohärente systematische Verknüpfung zwischen den Akteuren im Rahmen der Entwicklung der Gemeinde Venezuela möglich machen. In Anbetracht dieses Problems ist es notwendig, das folgende **wissenschaftliche Problem** zu lösen: "Wie kann das SIAL in der Gemeinde Venezuela umgesetzt werden?", dessen **allgemeines Ziel darin besteht,** ein lokales landwirtschaftliches Entwicklungsprogramm vorzuschlagen, das die Artikulation der Akteure für die Umsetzung des SIAL verbessert, und zwar so, dass es sich auf die Lebensqualität der venezolanischen Bevölkerung auswirkt.

Spezifische Ziele:

1 Charakterisierung des landwirtschaftlichen Prozesses in der Gemeinde Venezuela in der Provinz Ciego de Avila.

2 Charakterisierung des Kontextes der Innovation auf lokaler Ebene in der Gemeinde Venezuela.

3 Ausarbeitung eines lokalen Programms zur Entwicklung der Landwirtschaft, das die Akteure bei der Umsetzung des SIAL besser vernetzt, so dass es sich auf die Lebensqualität der venezolanischen Bevölkerung auswirkt.

Die angewandte Methodik basiert auf den Annahmen der qualitativen Forschung unter den Prämissen eines gemischten Ansatzes. Die Stichprobe war zielgerichtet und setzte sich aus 62 Akteuren zusammen: drei aus der lokalen Regierung, sechs aus der städtischen Landwirtschaftsdelegation, drei aus dem städtischen Universitätszentrum, 50 Mitglieder der produktiven Einheiten, darunter 20 Frauen.

Diskussionsgruppen mit lokalen Akteuren aus der Regierung, dem CUM und dem produktiven Sektor, Stichproben, Anwendung und Auswertung von Instrumenten (Interviews mit Frauen, Jugendlichen, Interviews mit Produzenten) wurden eingesetzt, um den tatsächlichen Zustand des produktiven und innovativen Kontexts der Gemeinde zu bestätigen.

Für die Verarbeitung der Informationen und die Analyse der quantitativen Daten wurde die statistische Analyse verwendet, die im Nationalen Statistikamt (ONEI) und in der Landzählung der Provinzdelegation für Landwirtschaft in Ciego de Avila registriert ist.

Der praktische Beitrag ist das lokale landwirtschaftliche Entwicklungsprogramm zur Umsetzung des SIAL in der Gemeinde Venezuela. Es wird davon ausgegangen, dass die Gemeinde über die Voraussetzungen für die Umsetzung des SIAL verfügt, da ihre Produktionsbasis landwirtschaftlich ist, sie über lokale Unternehmen und Innovationen verfügt, die die Entwicklungskultur in ihr begünstigen, bei den lokalen Akteuren die Bereitschaft besteht, die derzeitige Situation zu verändern, sowie Kapazitäten, natürliche und wirtschaftliche Ressourcen und die notwendigen Maschinen zur Förderung der Entwicklung vorhanden sind.

Kapitel 1

CHARAKTERISIERUNG DES LOKALEN LANDWIRTSCHAFTLICHEN KONTEXTES

In diesem Kapitel wird die aktuelle Situation der Landwirtschaft in der Gemeinde Venezuela beschrieben, wobei die Struktur des Gebiets durch die Volksräte, die Produktionsgrundlagen, die Zusammensetzung der Bevölkerung und der Arbeitskräfte sowie die Merkmale des Innovationssystems auf lokaler Ebene hervorgehoben werden.

1.1 Lokaler landwirtschaftlicher Kontext.

Die Gemeinde Venezuela ist überwiegend landwirtschaftlich geprägt, wobei Zuckerrohr, verschiedene Feldfrüchte und natürliche Weiden für die Viehzucht vorherrschen. Im nicht-landwirtschaftlichen Bereich überwiegt die forstwirtschaftliche Nutzung und die von Feuchtgebieten eingenommene Fläche. Im Jahr 2017 wies die Flächenbilanz folgende Merkmale auf: 60 % der Gesamtfläche sind landwirtschaftlich genutzt, 40 % sind nicht landwirtschaftlich genutzt. 55 % der landwirtschaftlichen Fläche werden für den Anbau von Zwischenfrüchten genutzt, 17 % für Dauerkulturen, 28 % für die Viehzucht, 16 % für unbebaute Flächen, 45 % für Brachland und 85 % für Marabu.

Der Landbesitz konzentriert sich auf drei Sektoren: Staat, Genossenschaft und Privat. Im Zeitraum 2008-2014 schrumpfte die landwirtschaftliche Produktion in der Gemeinde, obwohl sie 2012 aufgrund der Auswirkungen des binationalen endogenen Projekts Kuba-Venezuela deutlich zu wachsen begann. Dieses Projekt lief von 2007 bis 2016. In den ausgewerteten Jahren stieg die Gesamtproduktion um mehr als 18 Tausend Tonnen, was einen erheblichen Einfluss auf die Gesamtmenge hat.

Tabelle 1. Zeigt den Anstieg der Erträge im Nicht-Bohnenanbau.

Produktionen	2008	2010	2012	2014	2016	2017
Gemüse	1400	2200	1694,5	10601,0	12753,5	8617,2
Körner insgesamt	100	800	2211,4	2566,5	1371,6	6789,8
Früchte	200		1104,9	1528,6	1488,3	**1518,9**
Insgesamt	2200	4100	10559,0	20800,8	21376,2	19200,8

Bei der Fleischerzeugung wurde der Indikator in den letzten Jahren erfüllt, obwohl es bei Rindern und Büffeln Schwierigkeiten mit der Genetik und der Tiergesundheit gibt, die stark durch die in dem Gebiet verbreitete Büffelbrucellose beeinträchtigt wird, die aufgrund der schlechten Bewirtschaftung dieser Tierart nicht unter Kontrolle gebracht werden konnte. Bei den Kleinviehbeständen ist es ebenfalls notwendig, an der Reinheit der Rassen zu arbeiten, um die Indikatoren zu verbessern.

Die Verfügbarkeit von Maschinen in der Gemeinde stellt ein Potenzial dar, allerdings ist die eingesetzte Technik veraltet und aufgrund ihrer Überbeanspruchung stark abgenutzt, was ihren Einsatz für die landwirtschaftliche Entwicklung einschränkt (Anhang 1).

In der sozialen Dimension werden Probleme identifiziert, die sich auf die produktiven Bereiche der Gemeinde auswirken: Migrationsbewegungen, sowohl intern als auch extern, mit negativen Bilanzen, ungünstige Wohnbedingungen sowie die Qualität und Verfügbarkeit von Wasser, laut der 2012 durchgeführten Volks- und Wohnungszählung. Es gibt auch wenig attraktive Angebote mit geringer Zufriedenheit in Bezug auf die Qualität der angebotenen und nachgefragten Dienstleistungen.

Zu den wichtigsten natürlichen Ressourcen gehören die **Böden,** vor allem rote ferrallitische Böden in den Untertypen verdichtet und hydratisiert, die vorzugsweise für verschiedene Kulturen genutzt werden; gelbe ferrallitische Böden und ferrallitische Gleyen, auf denen Viehzucht betrieben wird; während sich in den niedrigen Gebieten in Küstennähe die typischen humosen Gleyen mit Schwierigkeiten bei der Entwässerung befinden, die zu Staunässe führen; der letztere Untertyp wird für die Forstwirtschaft genutzt.

Die Böden der landwirtschaftlichen Produktionskategorien I und II nehmen eine Fläche von 44.000 ha ein, was 63 % der Gesamtfläche entspricht, und befinden sich hauptsächlich im zentralen Teil der Gemeinde, eine Zahl, die über dem Durchschnitt der Provinz liegt (28 % der Gesamtfläche), was sie zusammen mit Ciro Redondo und Ciego de Avila zu einer der günstigsten in dieser Hinsicht in der Provinz macht.

9

Die Böden der Kategorie III - mittlere landwirtschaftliche Kapazität - nehmen eine Fläche von 3.000 ha (5 %) ein, und die Böden der Kategorie IV schließlich nehmen 21.000 ha ein, was 31 % der Gesamtfläche entspricht, und befinden sich hauptsächlich im südlichen Teil des Landes und erstrecken sich über den Breitengrad. Der wichtigste Faktor ist die schlechte Entwässerung. Dieses Problem tritt vor allem im südlichen Teil des Landes auf und hängt eng mit den dortigen Bodenverhältnissen zusammen.

Das südliche Becken, in dem sich die Gemeinde befindet, verfügt über mehr als 290 Millionen Kubikmeter Wasser und sein Relief ist flach, so dass seine rationelle Nutzung Priorität haben muss. Deshalb muss diese Ressource sorgfältig verwaltet werden, da ihre Verfügbarkeit nicht immer hoch ist und angesichts dieser Schwäche die Linie des Gramms oder der Salzwiege ins Landesinnere vordringt und dem Boden und damit der Bevölkerung und der Wirtschaft schadet. In diesem Sinne laufen die unterirdischen Wasserressourcen Gefahr, ihre Eignung für die Bewässerung zu verlieren, denn 2 500 ha Boden sind von Salzwasser betroffen, und es wird vorhergesagt, dass im Jahr 2050 2 278 ha und im Jahr 2100 aufgrund des Anstiegs des durchschnittlichen Meeresspiegels 8 555 ha betroffen sein werden.

Abbildung 2 zeigt die Trockenheitszonen in der Gemeinde.

Die Waldressourcen nehmen mit einer Gesamtfläche von 22.514 ha die größte Fläche in der Gemeinde ein und erstrecken sich hauptsächlich auf die südliche und östliche Küste des Gebiets, wovon 22.095 ha zu natürlichen Wäldern und 419 ha zu künstlichen Wäldern gehören. Die wichtigsten Baumarten sind Eiche, Mahagoni, Kasuarinen, Ocuje, Eukalyptus, Lana, Königspalme, Teak und andere Holzarten. Außerdem gibt es mehrere Obstbaumsorten, darunter Avocado, Mango, Pflaume, Mamoncillo, Mamey, Sapote, Zitrone und Guave.

Im letzten Jahr verhielten sich die wichtigsten klimatologischen Variablen in dem Gebiet wie folgt: Niederschlag, das durchschnittliche Minimum ist im Monat Januar mit 33,10 mm und das durchschnittliche Maximum im Monat Mai mit 240,00 mm.

Die durchschnittliche Jahrestemperatur beträgt 25° Celsius, das durchschnittliche Minimum liegt bei 22° Celsius im Januar und das durchschnittliche Maximum bei 31° Celsius im Juli. Es herrschen nordöstliche **Winde mit einem** Wert von 15,0 km/h vor. Die **relative Luftfeuchtigkeit beträgt im** Jahresdurchschnitt 80 %, wobei sie im September, Oktober und November am höchsten und im März und April am niedrigsten ist. Was die **Sonnenscheindauer betrifft, so sind** die niedrigsten Werte in Bezug auf die täglichen Beleuchtungsstunden in den Monaten September bis Februar und die höchsten Werte in den Monaten März bis August zu verzeichnen, wobei der April mit 9,3 Stunden der Monat mit den meisten Sonnenstunden ist.

Die Charakterisierung des Gebietes zeigt, dass es sich um eine landwirtschaftlich geprägte

Gemeinde handelt, was die Notwendigkeit unterstreicht, alle Akteure zu sensibilisieren, um ihre wirksame Einbindung und Artikulation in die lokale Entwicklung zu gewährleisten.

1.2- Struktur des Territoriums nach Volksvertretungen und Produktionsstätten.

Zusammensetzung der Bevölkerung und der Arbeitsressourcen.

Die Gemeinde hat fünf Volksräte (Venezuela, Simon Reyes, Jagueyal, Jucaro und Sanguily). Jeder von ihnen hat eine produktive Basis (siehe Tabelle 9).

Tabelle 3 zeigt die Struktur des Gebietes nach Volksräten und Produktionsstätten.

VOLKSVERTRETUNGEN				
Venezuela	Jagueyal	Simon Reyes	Jucaro	Bösartig
• CCS El Vaquerito (verschiedene Feldfrüchte und Viehzucht). • UBPC Tres de Octubre. (Verschiedene Kulturen) • UBPC La Maya. (Canera) • UEB Kuba-Venezuela (Cubasoy). • UEB de Beneficio y comerciali-zacion (Cubasoy). • UEB für Versicherung und Transport.	• CPA El Vaquerito (Canera) • CCS Capitan San Luis(Verschie dene Kulturen). • UBPC Zenen Marine (Verschiedene Kulturen) • UBPC Sierra de Cristal (Canera) • UBPC Alecrin (Verschiedene Kulturpflanzen)	- CPA Ramon Dominguez de la Pena (Canera) - UEB Sierra Lehrerin (Cubasoy)	- UEB Schlacht von Palo Alto.	• CPA Erster Januar (Verschied ene Kulturen) • CPA Hector Diaz (Verschied ene Kulturen). • UEB Technisch e Dienste und Bewässeru ng. (Cubasoy) • CCS. Nestor Bonachea (Viehbesta

Es gibt auch zwei Siedlungen, die direkt der Gemeindeversammlung der Volksmacht unterstellt sind (Los Negros und La Teresa), wobei die erstgenannte das Viehzuchtzentrum Niceto Perez besitzt. Wie man sieht, verfügt das Gebiet über insgesamt 21 Produktionsstätten (vier CCS, vier CPA, fünf UBPC und acht Basisgeschäftseinheiten), die auf die verschiedenen Volksräte verteilt sind.

Das System der menschlichen Siedlungen (SAH) in der Gemeinde Venezuela besteht aus 31 Siedlungen, von denen vier städtisch (Venezuela, Jagueyal, Jucaro und Sanguily) und 27 ländlich sind.

Die Bevölkerungsstruktur hat auf das Aufkommen der Zuckermühlen in der ersten Hälfte des 20. Jahrhunderts reagiert, wodurch die ersten Bateyes und Kolonien zur Ansiedlung der Arbeitskräfte für den Zuckerrohranbau entstanden sind, sowie die Ansiedlung vieler Siedlungen entlang der wichtigsten Straßen. Heutzutage befinden sie sich auf beiden Seiten der Straßen (Straße Venezuela - Jucaro und Eisenbahnlinie Canero), wobei sie in den nördlichen Gebieten der Gemeinde dichter besiedelt sind. Dafür gibt es verschiedene Gründe, unter anderem die Existenz von drei städtischen Zentren, darunter die Gemeindehauptstadt Venezuela, die bessere Beschäftigungs- und Lebensmöglichkeiten bietet. Zweitens die Nähe und Erreichbarkeit der Provinzhauptstadt, dem wichtigsten Zentrum für Dienstleistungen, Industrie und Beschäftigung in der Provinz.

Eine Analyse der Anzahl der Einwohner pro Volksrat im Zeitraum 2002-2012 zeigt, dass die Anzahl der Volksräte von zehn auf derzeit fünf gesunken ist, was auf das Verschwinden und die Fusion einiger mit anderen zurückzuführen ist. Der Volksrat Venezuela hat immer noch die meisten Einwohner in der Gemeinde (11.487 Einwohner), was 43,0 % der Gesamtbevölkerung entspricht.

Die übrigen Gemeinden haben ihre Einwohnerzahl allmählich verringert, was sich auf die Gesamtbevölkerung am Ende des Zeitraums mit einem Rückgang um 2 316 Einwohner auswirkt.

Die Wohnbevölkerung der Gemeinde im Jahr 2012 beträgt 26 671 Einwohner, davon 13 848 Männer (51,9 %) und 12 823 Frauen (48,1 %), mit einem Männeranteil von 1 080 Männern auf 1 000 Frauen, womit die Gemeinde die zweithöchste Quote auf Provinzebene aufweist. Der Anteil der Männer ist in den ländlichen Siedlungen höher (54,3 %), was auf die Bedeutung der landwirtschaftlichen Arbeit in diesen Gebieten zurückzuführen ist, eine Situation, die sich in den städtischen Gebieten ändert, wo er aufgrund der Beschäftigungsmöglichkeiten im Dienstleistungssektor mit 50,6 % niedriger ist.

Die Entwicklungsanalyse der Bevölkerung nach Altersstruktur zeigt, dass die Bevölkerung während des gesamten Zeitraums (2002-2012) vom Alterungsprozess der Bevölkerung im Land betroffen ist. Dies hängt mit der Zunahme der erwachsenen (15 und 49 Jahre) und alten (60 Jahre und älter) Bevölkerung zusammen, während die junge Bevölkerung (0 und

14 Jahre) um 18,7 % abnimmt. All dies ist auf den Rückgang der Fruchtbarkeitsraten im Laufe der Zeit zurückzuführen.

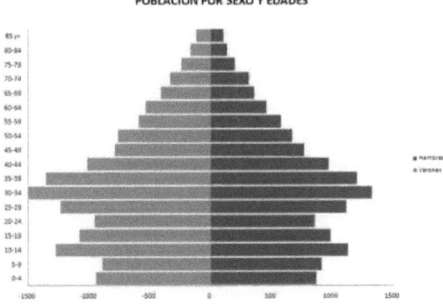

Abbildung 3

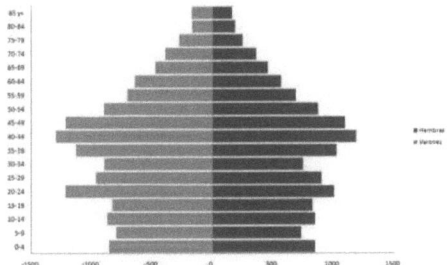

Die Abbildungen 3 und 4 zeigen die Bevölkerungsstruktur der Gemeinde nach Altersgruppen und Geschlecht in den Jahren 2002 und 2012.

Quelle: Amt für territoriale Statistik, Venezuela, 2012.

Bei der Ausarbeitung des Projekts zur integralen Entwicklung der Gemeinde Venezuela wurden 10 Gemeinden diagnostiziert, die alle in Gebieten mit einem hohen Entwicklungsstand der Getreideproduktion liegen. In diesen Gemeinden gibt es verschiedene Probleme, die diesen Ort als sehr sozial anfällig kennzeichnen: Gemeinden mit unzureichendem Straßenzustand, begrenzten Kommunikationssystemen, mangelhafter öffentlicher Beleuchtung, die Hygiene in der Gemeinde und die Wohnverhältnisse sind in der großen Mehrheit unzureichend.

Generell wurde eine Studie über die Wahrnehmung des Gebiets durch die Bevölkerung durchgeführt, wobei die folgenden Probleme festgestellt wurden:

• Mangelnde formale Bildung (mangelnder Respekt, mangelnde Höflichkeit, Unhöflichkeit usw.)

• Schäden an sozialem Eigentum (Telefone, Verkehrsmittel, Beleuchtung)

• Illegaler Kauf und Verkauf von Produkten

- Diebstahl
- Diebstahl
- Konsum von alkoholischen Getränken
- Drogenhandel und Drogenkonsum
- Störung der Ordnung (lauter Lärm, lärmende Musik)
- Häusliche Gewalt
- Gewalt gegen Frauen
- Gewalt gegen Kinder
- Gewalt gegen ältere Menschen
- Gewalt in der Öffentlichkeit (Drohungen, Belästigungen, Rinas, Verletzungen usw.)

Es konnte festgestellt werden, dass die untersuchten Gemeinden deprimiert sind, was durch das geringe Potenzial, das in der Diagnose wahrgenommen wird, belegt wird.

Möglichkeiten

- Ausgebildete und qualifizierte Personen (Lehrer, Ärzte, Ingenieure, Techniker der mittleren Ebene und andere Fachleute).
- Soziale, kulturelle und sportliche Einrichtungen.
- Geschichte und Traditionen
- Antwort der Nachbarschaft auf soziale und Massenaufgaben

Die Erwerbsbevölkerung (EAP) der Gemeinde beläuft sich auf 12 404 Einwohner, was 57,2 % der Gesamtbevölkerung im Alter von 15 Jahren und älter entspricht. Davon sind 12 006 erwerbstätig und 398 arbeitslos, entweder weil sie ihren Arbeitsplatz verloren haben (292) oder weil sie zum ersten Mal auf Arbeitssuche sind (106). Die nicht erwerbstätige Bevölkerung beläuft sich auf 9 291 Einwohner, was 42,8 % der Gesamtbevölkerung im Alter von 15 Jahren und älter entspricht. Der Abhängigkeitsquotient beträgt 52,9, da auf 100 Einwohner im erwerbsfähigen Alter 53 Personen im erwerbsfähigen Alter kommen, da 18,7 % von ihnen unter 15 Jahren und 15,5 % über 64 Jahre alt sind.

Die Gesamtzahl der Erwerbstätigen (12 006) entspricht 6,2 % der Gesamtzahl der Erwerbstätigen in der Provinz (193 123 Erwerbstätige), von denen 7 915 Männer (65,9 %) und 4 091 Frauen (34,1 %) sind, d. h. auf eine Frau kommen zwei Männer, was einer durchschnittlichen Beschäftigungsquote von 45,0 entspricht. Der größte Prozentsatz der Beschäftigten gehört zum staatlichen Sektor mit 9.039 Arbeitnehmern, was 75,3 % der Gesamtzahl entspricht, von denen 55,2 % in den städtischen Siedlungen Venezuela (3.958 Beschäftigte) und Sanguily (1.035 Beschäftigte) konzentriert sind. An zweiter Stelle innerhalb des nicht-staatlichen Sektors stehen die Beschäftigten der UBPC mit 705

Beschäftigten und die Selbstständigen mit 670 Beschäftigten, die 5,9 % bzw. 5,6 % ausmachen. 91,6 % der Erwerbstätigen arbeiten innerhalb der Gemeinde mit 11 003 Erwerbstätigen und nur 8,3 % außerhalb der Gemeinde, weshalb die Minderheit in andere Gemeinden oder Provinzen auswandert. Auf Provinzebene gehört die Gemeinde jedoch zu den drei Gemeinden mit dem höchsten Anteil der außerhalb der Gemeinde arbeitenden Bevölkerung.

Die Arbeitslosenquote liegt mit 3,2 % über dem Provinzdurchschnitt von 3,1 %, wobei sie in städtischen Gebieten (3,1 %) niedriger ist als in ländlichen Gebieten (3,5 %) und die männliche Bevölkerung (3,4 %) stärker vertreten ist als die weibliche (2,9 %).

Die tiefgreifenden Veränderungen, denen das Gebiet über die internen Entscheidungen hinaus unterworfen ist, haben die Suche nach neuen Lebensstrategien erzwungen, zu denen zweifellos der Aspekt der Arbeit als das dynamischste Element gehört, das für Veränderungen empfänglich ist (Studie über die Arbeitsressourcen in der Provinz Ciego de Avila, UNICA).

1.3 Innovationssystem auf lokaler Ebene.

Der Rat der Stadtverwaltung von Venezuela hat in seinem Projekt für integrale Entwicklung (PDI) ausdrücklich die Notwendigkeit einer nachhaltigen Entwicklung der landwirtschaftlichen Produktion zur Befriedigung des Nahrungsmittel- und anderer Bedürfnisse der Bevölkerung und zur Versorgung der Nahrungsmittelindustrie hervorgehoben.

Das Projekt entspricht den Leitlinien des kubanischen sozialwirtschaftlichen Modells, es skizziert die folgenden Politiken, die auf die Relevanz seiner Aktionen in Abhängigkeit von:

1- Verbesserung der effizienten und nachhaltigen Nutzung landwirtschaftlicher Flächen entsprechend ihrer landwirtschaftlichen Produktivität und Wasserverfügbarkeit; Förderung der Wiederherstellung von Böden, die von Degradationsprozessen betroffen sind.

- Ansiedlung der **landwirtschaftlichen Tätigkeit** auf hochproduktiven Böden mit reichlich Grundwasser, vor allem in den südlichen, östlichen und westlichen Teilen der Gemeinde.

- 5. Förderung der Schutzwaldbewirtschaftung in wasserregulierenden Streifen von Flüssen und Stauseen, Straßen und Siedlungen.

2- Förderung einer effizienten Flächennutzung für das Wachstum menschlicher Siedlungen (in Städten und auf dem Land) unter Vermeidung der Nutzung hochproduktiver landwirtschaftlicher Flächen und von Wasseranreicherungsgebieten und in Übereinstimmung mit den durch

Rechtsnormen festgelegten Kriterien für den Zugang zu Land.

- Grundsätzlich sollen die Böden in der Gemeinde geschützt werden,
- Erhöhung der Flächennutzungsdichte in der Gemeinde.

3- Förderung der Entwicklung von Zonen mit Sonderregelungen in Verbindung mit Stätten von großer ökologischer und kulturhistorischer Bedeutung, wirtschaftlicher Entwicklung sowie von Verteidigungs- und Sicherheitsinteressen.

- Ausweisung neuer Sonderzonen in bevorzugt touristisch genutzten Gebieten wie den Jardines de la Reina Cays.

4. Förderung der produktiven Pole in den strategischen Sektoren der Entwicklung und der Schlüsselproduktionen bei der Substitution von Importen, Förderung der effizienten Nutzung der Technologien, der vorhandenen Produktionskapazitäten und der endogenen Ressourcen der einzelnen Volksvertretungen.

- Förderung der landwirtschaftlichen Produktionspole und ihrer Verarbeitungsindustrie in der Gemeinde.
- Wiederherstellung des Netzes von Fischereihäfen; Einführung neuer Technologien, Schiffe und Fanggeräte im Rahmen der Entwicklungspläne der Gemeinde.

5. - Förderung einer Bevölkerungsverteilung, die den Erfordernissen der wirtschaftlichen Entwicklung und dem Potenzial des Gebiets entspricht, und, falls erforderlich, gezielte Migration an Orte, die dies erfordern, unter Berücksichtigung der Bedingungen für ihre Ansiedlung.

- Anreize für die Bevölkerung, in bestehende Siedlungen mit Wachstumspotenzial zu ziehen.
- Förderung der Abwanderung in Gebiete mit dem größten Anteil an ungenutzten Flächen auf Böden mit hoher landwirtschaftlicher Produktivität und Potenzial für die landwirtschaftliche Entwicklung in der Gemeinde.
- Förderung der Umverteilung der Bevölkerung an Orte mit einem hohen Grad an produktiver Diversifizierung.

6. Verringerung der Anfälligkeit von Gebieten, menschlichen Siedlungen, Infrastrukturen und sozioökonomischen Einrichtungen, die durch Erdbeben, vorübergehende und dauerhafte Überschwemmungen aufgrund extremer Wetterereignisse und den Anstieg des mittleren Meeresspiegels infolge des Klimawandels bedroht sind.

- Beseitigung von Grundstücken, die gegen die Gesetzesverordnung 212 verstoßen und sich in Gebieten befinden, die von ständigen mittel- und langfristigen Überschwemmungen betroffen sind.

7. - **Stärkung und Verbesserung der Umsetzung und Kontrolle der Flächennutzungsplanung auf der Grundlage eines wirksamen Prozesses der institutionellen und bürgerschaftlichen Beteiligung unter der Leitung der Regierung, um die territoriale und städtische Disziplin zu gewährleisten** (Proyecto de Desarrollo Local del municipio Venezuela, 2018).

Gegenwärtig agiert das System der lokalen landwirtschaftlichen Innovation auf der Grundlage der Entwicklungsstrategie und ihrer vorrangigen Linien des integrierten Wissensmanagements. Auf diese Weise konzentriert sich die Arbeit auf die Bewältigung der wichtigsten Herausforderungen der Gemeinde in Bezug auf die Lebensmittelproduktion, die Erhaltung der natürlichen Ressourcen, die Pflanzenbiotechnologie, die landwirtschaftliche Entwicklung, die effiziente und ausreichende Nutzung von Wasser und Energie sowie auf andere Bereiche wie die pädagogischen Wissenschaften, die Informatisierung der Gesellschaft, die Sozial- und Geisteswissenschaften, wobei das Potenzial der Gemeinde berücksichtigt wird.

Die lokalen Akteure sind mit der Beratung für die strategische Planung zufrieden, und es wird an der Integration zwischen den Entitäten, dem Gemeindeverwaltungsrat (CAM) und den Organismen gearbeitet, um ihre Funktionsweise zu verbessern und so die Entwicklung des Gebiets zu fördern. Es wurden Aufbaustudiengänge entwickelt, die direkt zur lokalen Entwicklung beitragen, darunter: Kurs über lokale Entwicklung und Kurs über Risikowahrnehmung angesichts extremer klimatologischer Phänomene.

Es wurden Workshops und Konferenzen abgehalten und Besuche bei den Erzeugern durchgeführt, um sie zu ermutigen, sich für den Anbau von Pflanzen zu engagieren, die für den Ort von Interesse sind, und um Erfahrungen auszutauschen, um die Effizienz der Kleintierhaltung zu steigern. Die Fischereiflotte von Jucaro wird besucht, um sie für die Notwendigkeit einer Diversifizierung ihrer Produktion zu sensibilisieren, damit sie ihre Produkte und deren Derivate an die Bevölkerung vermarkten können; in diesem Sinne wurde in diesem Jahr das lokale Entwicklungsprojekt genehmigt. Einführung der Produktion von Fischkonserven in der UEB Flota Marino Pesquera Jucaro.

Es gibt vier Projekte: "Effiziente Tilapia-Zucht", "Intensive Schweinehaltung", "Verringerung der Treibhausgasemissionen durch die Bewirtschaftung von Schweineausscheidungen im CCSF El Vaquerito del consejo popular Venezuela" und Steigerung der Produktion von Büffelfleisch.

An der Berechnung der wirtschaftlichen Machbarkeit anderer lokaler Entwicklungsprojekte wird gearbeitet: "Gewinnung von Öl aus der dezentralen Produktion von Ajonjolf"; Wiederbelebung der mechanischen Werkstatt von Simon Reyes". Und die lokale Produktion von Boden- und Wandelementen.

Das CUM berät Produktions- und Dienstleistungsunternehmen, um gemeinsam mit den Zentren und Einrichtungen den Bedarf an qualifizierten Arbeitskräften zu ermitteln, angefangen bei der beruflichen Orientierung und der Berufsausbildung von Schülern in den verschiedenen Berufen mit landwirtschaftlichem Profil, die in der Gemeinde gefragt sind; In diesem Sinne werden die Interessenkreise der verschiedenen Studiengänge, die im Palacio de Pioneros funktionieren, weiterverfolgt, es werden Ausstellungen veranstaltet, an denen das CUM organisatorisch und als Jurymitglied teilnimmt, und sie werden zusammen mit dem Ministerium für Wissenschaft, Technologie und Umwelt (CITMA) vorbereitet.

In den letzten zwei Jahren wurden mehr als 30 Technologien im Rahmen von wissenschaftlichen und technologischen Innovationsprojekten übertragen, wobei der Schwerpunkt auf der Kleintierhaltung (Schafe, Ziegen und Kaninchen) lag.

Im laufenden Jahr wurde eine Pilotstudie durchgeführt, die auf den Hinweisen des kubanischen Landwirtschaftsministers beruhte, die Empresa Estatal Socialista Cubasoy als produktiven Pol für die Integration von Wissenschaft und Technologie in Ciego de Avila zu übernehmen. Um dieser Herausforderung zu begegnen, wurde eine Konsultation zwischen verschiedenen lokalen Akteuren durchgeführt: CAM, CUM, EmpresaCubasoy, MINED, Cuadros und MINAG, mit dem Ziel, die Notwendigkeit der Schaffung von Kapazitäten zur Bewältigung dieser Herausforderung und des einzuschlagenden Weges aufzuzeigen. Es wurde vereinbart, das Instituto Politecnico Agropecuario zum wichtigsten Ausbildungszentrum für die Landwirtschaft in der Region zu machen.

Trotz der erzielten Ergebnisse und der enormen Anstrengungen, die zur Förderung der Entwicklung in der Gemeinde Venezuela unternommen wurden, bleibt noch viel zu tun: Es bedarf eines Paradigmenwechsels in den sozialen Beziehungen, bei dem die Vertikalität beiseite gelassen und horizontale Prozesse entwickelt werden, die zum Protagonismus der Produzenten führen und darauf beruhen, in ihnen ein kritisches Bewusstsein und eine innovative Haltung durch eine dialogische, demokratische Kommunikation zu entwickeln, bei der die Subjekt-Subjekt-Beziehung angesichts der lokalen Herausforderungen vorherrscht. Dies kann durch die Umsetzung des SIAL erreicht werden.

"...Nutzen Sie die gesamte Wissenschaft, die für eine nachhaltige Entwicklung ohne Umweltverschmutzung notwendig ist. Bezahlen Sie die ökologischen Schulden und nicht die Auslandsschulden. Beseitigt den Hunger und nicht den Menschen (Castro, 1992). Diese Worte des Genossen Fidel Castro Ruz sind auch heute noch gültig.

Mit dem Ziel der Umsetzung der SIAL in der Gemeinde Venezuela, eine Charakterisierung und Diagnose durchgeführt wurde, dass die Autoren dieser Arbeit zu bestimmen, die

Möglichkeiten, Schwächen und Herausforderungen, dass die aktuelle Kontext der lokalen Innovation besitzt.

Stärken

1. Enge und systematische Verbindungen zwischen CUM, CAM, CITMA, um Strategien und Programme für die ganzheitliche Entwicklung der Gemeinde zu entwerfen.

1. Ein Wissens- und Innovationsmanagementsystem ist vorhanden.

2. Der Wissenschafts- und Technologieplan des Universitätszentrums (CUM) steht im Einklang mit den Prioritäten der landwirtschaftlichen Entwicklung des Gebiets.

3. Die Universität wird als ein wesentlicher Akteur in den Bereichen Austausch, Innovation und Entwicklung wahrgenommen.

4. Lokale Akteure, die ein Interesse daran haben, die lokale Entwicklung auf der Grundlage ihres Potenzials zu fördern.

5. Wechselbeziehung mit Forschungszentren (Bioplants, CIBA: Projekte).

6. Einführung eines Systems zur Ermittlung des Verbesserungs- und Fortbildungsbedarfs in den wichtigsten lokalen Einrichtungen und Organisationen, um Fortbildungspläne zu erstellen, die den Bedürfnissen des Gebiets entsprechen.

7. Stärkung der Projektstruktur in dem Gebiet.

8. Identifizierung der wichtigsten Umweltrisiken und Schwachstellen in dem Gebiet.

9. Umsetzung der Lebensaufgabe zur Abschwächung der Auswirkungen des Klimawandels. **Schwachstellen**

1. Unzureichender Aufbau von Kapazitäten für die effiziente Nutzung der erworbenen Technologie

2. Unzureichende Entwicklung von Wissens- und Innovationsmanagementsystemen.

3. Unzureichende Würdigung der Grundsätze der lokalen Entwicklung bei der Berücksichtigung der Verbindungen zwischen den lokalen Akteuren.

4. Unzureichende Nutzung agrarökologischer Alternativen zur Verbesserung der Böden in Übereinstimmung mit ihrer Nutzung.

5. Unzureichende Entwicklung von wissenschaftlichen und technologischen Projekten zur Abschwächung der Auswirkungen des Klimawandels in der Gemeinde Jucaro, die als eine der am stärksten betroffenen Regionen der Provinz gilt.

6. Unzureichende wissenschaftliche Interventionsmaßnahmen zur Bekämpfung invasiver gebietsfremder Arten (Marabu und wilde Büffel).

7. Mangelnde Verbreitung von Fortschritten bei der Entwicklung des

Innovationssystems auf lokaler Ebene, um das Wissen über lokale Unternehmen in der Region zu erhöhen, die aus den bewährten Verfahren der Erzeuger hervorgehen.

8. Die Wahrnehmung der Entwicklung von Innovationssystemen konzentriert sich auf die technologische Entwicklung und lässt die soziale Perspektive vermissen, die sich auf das Niveau der Bürgerbeteiligung auswirken und soziale und Innovationsprobleme lösen würde.

9. Unzureichender Aufbau von Kapazitäten für den effizienten Einsatz der erworbenen Technologie, die effiziente und ausreichende Nutzung von Wasser und Energie sowie für die Berechnung der wirtschaftlichen Durchführbarkeit von IMDL-Projekten.

10. Das Fehlen eines Multi-Stakeholder-Ansatzes in Innovationssystemen führt zu einer geringen Nutzung der W&T-Ergebnisse auf kommunaler Ebene.

Herausforderung.

1. eine logische, kohärente und systematische Verknüpfung der Akteure zur Förderung von Entwicklung und Innovation auf lokaler Ebene.

Auf der Grundlage der durchgeführten Analyse und der Identifizierung von Stärken und Schwächen zur Stärkung der Einbindung der SIAI in der Gemeinde wird ein lokales landwirtschaftliches Entwicklungsprogramm vorgestellt, das auf der Kultur der Beteiligung als transversaler Achse basiert, um eine logische, kohärente und systematische Koordinierung aller Akteure zu gewährleisten, um die Lebensqualität der venezolanischen Bevölkerung zu verbessern.

Kapitel 2

KAPITEL II. PROGRAMM ZUR ENTWICKLUNG DER LOKALEN LANDWIRTSCHAFT IN DER GEMEINDE VENEZUELA.

2.1 Theoretische und methodische Grundlagen des Programms.

Die lokale Entwicklung in der Gemeinde Venezuela sollte auf dem Konzept der nachhaltigen lokalen Entwicklung auf agrarökologischer Grundlage beruhen, und zwar so, dass sie die Stärkung der Gemeinschaftsstrukturen, des lokalen sozialen Unternehmensgefüges und die Nutzung der verfügbaren endogenen Ressourcen durch die Ausarbeitung von Innovationsprojekten begünstigt, die auf die Systematisierung bewährter Praktiken ausgerichtet sind und ihren Ursprung in der Produktionsbasis haben, was eine sichtbare Verbesserung der Lebensqualität der venezolanischen Bevölkerung ermöglichen wird.

Diese nachhaltige lokale Entwicklung muss zur Beseitigung sozialer Ungleichheiten, zur Mobilisierung und aktiven Beteiligung der Bürgerinnen und Bürger durch neue partizipatorische Formeln im politischen, sozialen und wirtschaftlichen Bereich führen, die inklusiver sind und bei denen der geschlechtsspezifische Ansatz und die soziale Gerechtigkeit berücksichtigt werden; Anforderungen, die im Innovationsmodell berücksichtigt werden müssen. Dementsprechend benötigt die Gemeinde Venezuela eine andere Art von Innovation, die Aspekte wie die folgenden berücksichtigt:

- die sich in allen Gliedern der Agrar- und Lebensmittelkette manifestieren und Engpässe verursachen;
- Förderung von Verbesserungen in verschiedenen Bereichen wie der technologischen, organisatorischen, institutionellen, wirtschaftlichen oder landwirtschaftlichen Entwicklungspolitik;
- die den örtlichen Gegebenheiten angepasste Lösungen im Hinblick auf menschliches Wohlergehen und Gerechtigkeit bietet;
- dass es ein kreativer Prozess der kritischen Aufnahme von Vorschlägen, der Konstruktion, des Handelns und des kollektiven Lernens ist (Ortiz *et al.,* 2017).

Zielsetzung: Verbesserung der Lebensbedingungen durch Stärkung der Verbindungen für die Einführung von Wissen und die soziale Entwicklung.

2.2 Abmessungen des Programms.

Damit sich die Gemeinde ganzheitlich entwickeln kann, ist es notwendig, dass das Konzept der nachhaltigen Entwicklung aus der politisch-sozialen, ökonomischen und ökologischen Dimension heraus bearbeitet wird.

Dies würde die Beziehungen und Verflechtungen der wirtschaftlich-produktiven Basis mit dem Siedlungssystem, den technischen und Dienstleistungsinfrastrukturen erleichtern, die mittelfristig in die Beschaffung von materiellen Gütern und die Schaffung von Arbeitsplätzen umgewandelt werden, ausgehend von der Kultur der Beteiligung und mit einem Schwerpunkt auf Geschlechter- und sozialer Gerechtigkeit, die die Intervention von Frauen in diesem Sektor und damit ihre Emanzipation garantieren.

Unter Berücksichtigung der Möglichkeiten und Grenzen der ausgewählten produktiven Grundlagen für die Umsetzung des SIAL in der Gemeinde Venezuela werden die folgenden Arbeitslinien vorgeschlagen.

1. Agrochains.
2. Biologische Vielfalt der Pflanzen.
3. Biologische Vielfalt der Tiere
4. Wissens- und Innovationsmanagement.
5. Agro-Industrien.
6. Agrarökologie und Klimawandel.
7. Jugend und Geschlecht.

1. Agrochains.

Möglichkeiten

Zu den Potenzialen der Gemeinde gehört die Produktion von Kleinvieh, insbesondere von Kaninchen, was vor allem auf den Einsatz von Wissenschafts- und Technologieprojekten zum Wissens- und Technologietransfer zurückzuführen ist.

In diesem Sinne wurden 175 Personen zum Thema "Nachhaltige Bewirtschaftung von Kleinvieh" geschult, davon 46 % (80) Erzeuger und direkt an der Produktion beteiligte Beamte, 5 davon kommunale Führungskräfte, zwei von EGAME, sowie Lehrer (IPA, IPI und SUM), Studenten (IPA und SUM) und andere kommunale Beamte.

Das integrierte Vorgehen von EGAME, dem städtischen Universitätszentrum und dem CITMA Capacity Building Centre war möglicherweise entscheidend für die Beherrschung und Umsetzung der gelieferten technischen Materialien und für die nachhaltige produktive Lieferung von Tieren, was in den Jahren 2015 und 2017 eine Übererfüllung des Lieferplans an die Einrichtung ermöglichte. Ein Produzent baute eine Maschine für die Herstellung von pelletiertem Futter und Futterblöcken.

Die fünf Betriebe, die im Rahmen des Wissens- und Technologietransfers bewertet wurden, verbesserten ihre Einrichtungen, die Reproduktion/Genetik ihrer Herden und ihre Nahrungsgrundlage. Die gemeinsame und nachhaltige Arbeit zwischen dem wissenschaftlichen und dem produktiven Sektor ermöglichte es der EGAME in der

Gemeinde Venezuela, 2015 bzw. 2017 die Anerkennung als integralste Gemeinde zu erhalten.

Beschränkungen.

Trotz der erzielten Ergebnisse sind die Kaninchenzüchter immer noch unzufrieden, da nicht alle von ihnen über Land für den Anbau von Futtermittelarten für die Viehfütterung verfügen und auch die Verfügbarkeit von Wasser und anderen Ressourcen für die Produktion von Futtermitteln nicht gegeben ist.

Herausforderung:

Herstellung produktiver Verbindungen auf der Grundlage des Entwicklungspotenzials, um mittelfristig die Überlassung von Flächen für die Fütterung von Kleinvieh zu gewährleisten.

Abschluss von Vereinbarungen mit Cubasoy über den Ankauf von Rückständen, die für die Herstellung von pelletiertem Futter und Nahrungsblöcken verwendet werden können; außerdem müssen Maschinen für die Verarbeitung von Ernterückständen entwickelt werden, um den Futtermittelbedarf der Erzeuger zu decken.

Dazu wäre es notwendig, eine Mini-Industrie zu schaffen, die über eine Maschine zum Mahlen des Futters vom Feld, einen Bereich zum Trocknen in der Sonne, eine Hammermühle zum Mahlen des trockenen Rohmaterials, einen Mischer und eine kontinuierliche Presse für die Herstellung des pelletierten Futters und des Futterblocks verfügen sollte. Diese Maschinen werden auf dem Gelände aus wiedergewonnenem Material gebaut.

Zur Versorgung der Mini-Industrie mit Rohstoffen werden Futtermittelhersteller (u.a. Titonia, Morera und Moringa) ausgewählt und ihnen Land zugewiesen. Eine weitere Möglichkeit zur Versorgung der Mini-Industrie wäre die Verwendung der Erntereste von Cubasoy. Auf diese beiden Arten sollten 75 % der Futtermittelproduktion geliefert werden, die restlichen 25 % wären die Industrieabfälle von Cubasoy und die von EGAME gelieferten importierten Futtermittel. Für die Herstellung der Käfige würde EGAME den Draht liefern. Schließlich liefern die Erzeuger die stehenden Tiere an das kleine Viehzuchtunternehmen zur industriellen Verarbeitung.

Auch die Erzeugung von Fleisch und Milch von Schafen und Ziegen wird verstärkt. In diesem Sinne gibt es 15 Erzeuger dieser Tierarten im Vertragsgebiet von EGAME, davon 5 Ziegen und 10 Schafe, die alle auf die Fleischproduktion ausgerichtet sind. Zu diesem Zweck werden in Abstimmung mit der städtischen Landwirtschaftsdelegation und auf der Grundlage der Gründung der GIALES und der kollektiven Interessen der Gruppen ungenutzte Flächen zur Schaffung eines Gebiets für die Erzeugung von Fleisch, Milch und deren Derivaten in Nutznießung gegeben.

All diese Prozesse werden durch Verträge und Kooperationsvereinbarungen sowie lokale Entwicklungsprojekte unterstützt.

Szenarien

EGAME, CCS El Vaquerito, UBPC 3 de Octubre, In der Gemeinde gibt es 40 Kaninchenzüchter, von denen 20 in Hinterhöfen und auf Hinterhöfen züchten und Erzeuger sind, die mit EGAME unter Vertrag stehen. Der größte Erzeuger, der zum CCS El Vaquerito gehört, verfügt über Land und Wasser, um eine stabile Produktion zu gewährleisten.

Ein weiteres Potenzial besteht darin, dass einer der Erzeuger ein Innovator ist, der Käfige baut und mit einer selbst gebauten Maschine Tierfutter herstellt. Diese Potenziale können genutzt werden, um der Kaninchenproduktion einen Mehrwert zu verleihen.

Darsteller:

40 Kaninchenzüchter, SIAL-Moderatoren, Mitglieder der SIAL-Plattform (CUM, CAM, CITMA, BANDEC, Planificacion Fisica, Delegacion de la Agricultura, Empresa Agropecuaria Cubasoy, Unidad Basica Electrica, Direccion Municipal de Economia y Planificacion, ACTAF, ACPA).

Werkzeuge:

- Kommunale Multi-Stakeholder-Plattform für die Entwicklung dieser Arten.
- Innovationsgruppen für die Kleintierhaltung in der Gemeinde, darunter die Gruppe "Freunde der Tierfutterproduktion".
- Partizipative Methoden für das genetische Management von Herden, Erlernen integrierter Parasitenkontrolle, Merkmale von Einrichtungen und Fütterung.
- Stakeholder-Mapping
- Systematische Gestaltung des Betriebs.
- Feldschulen
- Landwirtschaftliche Messen

2.   - Biologische Vielfalt der Pflanzen.

Die Möglichkeiten.

In der Gemeinde werden verschiedene Kulturen angebaut: Lebensmittel (Kartoffeln, Malanga, Yucca, Süßkartoffeln, Bananen), Bananen und Obst, Gemüse (u. a. Tomaten, Zwiebeln, Knoblauch, Kürbis, Gurken, Melonen und Kohl), Getreide (Bohnen, Mais, Reis, Sorghum, Kichererbsen und Soja) und Obstbäume (Ananas, Kürbis, Mango, Guaven und Kokosnüsse). Die Erträge dieser Kulturen sind akzeptabel.

Die in dem Gebiet durchgeführten Untersuchungen zeigen die Anpassungsfähigkeit von 13 Bohnensorten an die Boden- und Klimabedingungen des Ortes.

Beschränkungen.

Den lokalen Akteuren fehlt es an der Förderung der Sortenvielfalt, und gleichzeitig mangelt es an zertifiziertem Saatgut in den verschiedenen Kategorien, das es ihnen ermöglichen würde, die Pflanzengenetik zu erhalten und hohe Erträge zu erzielen, was ein Hemmnis für die lokale Entwicklung darstellt. **Eine Herausforderung.**

Einrichtung von Saatgutbanken für die Erzeugung von Gammasaatgut und Agamsaatgut in der Region.

Szenarien

CCS El Vaquerito, UBPC 3 de Octubre, CPA 1ro de Enero

Darsteller.

Mitglieder der SIAL-Plattform (CUM, CAM, CITMA, BANDEC, Physical Planning, Delegacion de la Agricultura, Direccion Municipal de Economia y Planificacion, ACTAF, ANAP, UEB Agroforestal) Mitglieder der GIALs

Werkzeuge.

- Messen zur Agro-Diversität, die die Verwendung zahlreicher Sorten durch die Erzeuger fördern.
- Feldschulen mit Erzeugern.
- Convivencias.
- Workshops.

2.1 Forstwirtschaft.

Möglichkeiten

Die Waldressourcen nehmen mit einer Gesamtfläche von 22.514 Hektar in den Kategorien Natur- und Kunstwald die größte Fläche in der Gemeinde ein. Die wichtigsten Baumarten sind Eiche, Mahagoni, Kasuarine, Ocuje, Eukalyptus, Lana, Königspalme, Teak und andere Holzarten. Außerdem gibt es mehrere Obstbaumsorten wie Avocado, Mango, Pflaumen, Mamoncillo, Mamey, Sapote, Zitrone und Guave.

Beschränkungen

Untersuchungen der Abteilung für staatliche Forstwirtschaft des Landwirtschaftsministeriums über die Dynamik der Wälder haben ergeben, dass die Population tendenziell abnimmt, was vor allem auf folgende Faktoren zurückzuführen ist

- Die Einführung invasiver gebietsfremder Arten in bewaldeten Gebieten.
- Unerlaubte Wilderei aufgrund von sozialer Disziplinlosigkeit.
- Der Umfang des Holzeinschlags in den Waldgebieten ist größer als die Anzahl der Plantagen.
- Leistung und Überleben sind von der Dürre betroffen, mit der das Gebiet in den

Jahren 2014 bis 2017 zu kämpfen hatte.

- In dem Gebiet gibt es keine Forstbaumschule.

Herausforderung: Nutzung des Potenzials der ausgewählten Produktionsgrundlagen, um zur Wiederaufforstung beizutragen, indem Windschutzstreifen, lebende Zäune, Bäume mit natürlichen Insektiziden und silvopastorale Systeme gepflanzt werden.

Szenarien

CCS El Vaquerito, UBPC 3 de Octubre, CPA 1ro de Enero, Forstbaumschule, Forstbetriebe.

Darsteller.

Mitglieder der SIAL-Plattform (CUM, CAM, CITMA, BANDEC, Planificacion Fisica, Delegacion de la Agricultura, Direccion Municipal de Economia y Planificacion, ACTAF, ANAP, UEB Agroforestal), Mitglieder der GIALs **Herramientas.**

- Bäuerliches Experimentieren.
- Feldschulen mit Erzeugern.
- Austausch zwischen den Erzeugern
- Feldtage.
- Workshops.
- Wissensmanagement auf der Grundlage der Interessen und Bedürfnisse der Erzeuger in Bezug auf die Wiederaufforstung (Videos, Newsletter, Broschüren, Faltblätter usw.).

3. **- Biologische Vielfalt der Tiere.**

Möglichkeiten

Ende 2017 erreichte die vertraglich vereinbarte Milchproduktion in der Viehwirtschaft 1.345560 Liter, was einer Erfüllungsquote von 101 % entspricht, also 9060 Liter mehr als geplant. In der Gemeinde gibt es 300 Viehzüchter, die Land in Nutznießung besitzen, 86 von ihnen gehören zu den produktiven Basen, die für die Einführung des SIAL in der Gemeinde ausgewählt wurden, sie erfüllen ihre Pläne systematisch.

Beschränkungen

Obwohl die Lieferung von Fleisch und Milch erreicht wird, gibt es immer noch grundlegende Faktoren, die die Quantität und Qualität der Produktion einschränken, und diese hängen mit der Gesundheit der Tiere und der Genetik zusammen. Was den erstgenannten Faktor betrifft, so gibt es in der Gemeinde im Allgemeinen eine Brucellose-Epidemie, die zu Maßnahmen wie dem Einfangen und der Massentötung von wilden Büffeln geführt hat. Im Bereich der Tiergenetik gibt es keine genetische Züchtung, die eine Bewirtschaftung der

Rassen entsprechend den Zielen und Interessen der Erzeuger in der Gemeinde ermöglicht. Dies hat zur Degeneration der Rassen durch Rückkreuzung geführt, da es kein gutes Reproduktionsmanagement und keine Inzucht gibt, was zur Vermehrung von Tieren führt, die für die Entwicklung nicht geeignet sind, sowie zur Überpopulation von Großvieh, das nicht verkauft wird, weil es nicht für den menschlichen Verzehr geeignet ist.

Herausforderungen.

Bekämpfung der Brucellose

Schaffung eines Genpools.

Szenarien

CCS El Vaquerito, UBPC 3 de Octubre, CPA 1ro de Enero.

Darsteller.

Mitglieder der SIAL-Plattform (CUM, CAM, CITMA, BANDEC, Raumplanung, Delegation für Landwirtschaft, Städtische Direktion für Wirtschaft und Planung, ACTAF, ANAP, UEB Agroforstwirtschaft, Städtische Direktion für Veterinärwesen und CNCOP), Mitglieder der GIALs.

Werkzeuge.

- Wissensmanagement in Abhängigkeit von den Interessen und Bedürfnissen der Erzeuger in Bezug auf die Wiederaufforstung, wissenschaftlich-technische Dienstleistungen für die nachhaltige Bewirtschaftung von Großviehbeständen.
- Sensibilisierungsworkshops mit führenden Erzeugern, um sie für die Notwendigkeit der Einführung eines Rebano für das genetische Management der Rassen zu sensibilisieren.
- Feldschulen.

3.1- Imkerei.

Die Möglichkeiten.

Die Gemeinde verfügt derzeit über sieben Bienenstände mit 160 Bienenstöcken. In diesem Jahr soll die Zahl von 8 Bienenstöcken mit 180 Bienenstöcken erreicht werden, mit einem Ertrag von 50 kg Honig pro Bienenstock bis 2020.

Die Produktionsprognose bis 2020 sieht wie folgt aus:

Tabelle 4 zeigt die Projektion der Honigerzeugung nach Jahren.

Indikator	UM	2017	2018	2019	2020
Honig	T	8	9	9	9
Wachs	Kg		135	135	135
Propolis	Kg	8	9	9	9
Bienenköniginne n	U	0	0	0	0

Bienenstöcke	U	160	180	180	180

Die für die Durchführung des SIAL in der Gemeinde Venezuela ausgewählten Produktionsstandorte verfügen über Waldgebiete, in denen es möglich ist, für die Einführung von Melipona zu arbeiten, sowie über andere Gebiete, in denen es möglich ist, Futterpflanzen anzubauen, die zu den Vorlieben von Melipona gehören.

Beschränkungen.

Die Einführung von Meliponabecchi war in der Gemeinde nicht beabsichtigt, obwohl sie eine wichtige Ressource für die biologische Vielfalt ist und den Erhalt von Ökosystemen ermöglicht. Ein Drittel der von uns verzehrten Lebensmittel ist durch Bestäubung verfügbar, und etwa die Hälfte der Tiere, die tropische Pflanzen bestäuben, sind Bienen (Nates-Parra, 2005; Da Silva *et al.,* 2012).

Herausforderung.

Einführung von Meliponabecchi in der Gemeinde.

Szenarien

CCS El Vaquerito, UBPC 3 de Octubre, CPA 1ro de Enero.

Darsteller.

Mitglieder der SIAL-Plattform (CUM, CAM, CITMA, BANDEC, Raumplanung, Delegation für Landwirtschaft, Städtische Direktion für Wirtschaft und Planung, ACTAF, ANAP, UEB Agroforestry, Städtische Direktion für Veterinärwesen).

Werkzeuge.

- Sensibilisierungsworkshops mit führenden Produzenten, um sie für die Notwendigkeit der Einführung von Melipona zu sensibilisieren.
- Charakterisierung der Dörfer: Sanguily, Rasco, La Ofelia, La Eduviges, Caballe, La Americana und Carolina.
- Wissensmanagement (Broschüren, Faltblätter, Broschüren, Tutorials)

4. **Wissensmanagement.**

Die Möglichkeiten.

In der Gemeinde Venezuela gibt es eine angemessene Artikulation der Akteure, es gibt eine Beteiligung an allen Konsultationsräumen, an den gemeinsamen Sitzungen, an der Ausbildung der verschiedenen Gruppen, es gibt eine Beteiligung an der Gestaltung der lokalen Entwicklungsstrategie, die Hauptprobleme werden identifiziert und es wird daran gearbeitet, sie kurz-, mittel- und langfristig zu lösen, die Postgraduierten-Strategie wird auf der Grundlage der Anforderungen und Prioritäten entworfen, so dass daraus geschlossen werden kann, dass die Artikulation mit der CAM gut ist.

Beschränkungen.

Es wird als notwendig erachtet, geeignete Wege und Methoden zu finden, um eine kohärente und systematische Einbeziehung aller lokalen Akteure zu erreichen, um die Herausforderungen des Ortes zu bewältigen.

Herausforderung.

Einbindung aller lokalen Interessengruppen zur Bewältigung der Herausforderungen, denen sich die Gemeinde gegenübersieht.

Szenarien

CUM, CITMA, Städtische Landwirtschaftsdelegation, UNICA,

Darsteller.

Mitglieder der SIAL-Plattform (CUM, CAM, CITMA, BANDEC, Raumplanung, Landwirtschaftsdelegation, Städtische Direktion für Wirtschaft und Planung, ACTAF, ANAP, UEB Agroforstwirtschaft, Städtische Direktion für Veterinärwesen, Massenmedien und mit der PIAL verbundene Fachleute sowie Erzeuger).

Werkzeuge.

- Sensibilisierungsworkshops mit Interessenvertretern, Entscheidungsträgern, Fachleuten aus kommunalen Einrichtungen und Produzenten.
- Lernzyklen in Aktion .
- Partizipative Diagnostik.
- Populäre Bildung.
- Einsatz von didaktischen Materialien und Informationsmedien.

5.   - Agro-Industrien.

Die Möglichkeiten.

In der Gemeinde werden zahlreiche Obstbäume angebaut (Ananas, Kürbis, Guave und Mango), und zu den ausgewählten Produktionsstätten gehört das Unternehmen CCS El Vaquerito, das Pionierarbeit bei der Erzeugung von Ananas, Kürbis und Guave leistet und außerdem große Mengen an Industrietomaten, Melonen und Chilischoten produziert. Letztere ist seit einigen Jahren an den Tourismus vergeben.

Beschränkungen.

In dem Gebiet gibt es keine Kleinstindustrien für die Verarbeitung dieser Obst- und Gemüsesorten, die ebenfalls Arbeitsplätze schaffen und zur Verbesserung der wirtschaftlichen und sozialen Indikatoren des Ortes beitragen.

Herausforderung.

Einführung einer Mini-Industrie zur Verarbeitung von Obst und Gemüse sowie zur Gewinnung von Säften, Fruchtfleisch und anderen Derivaten. Diese Situation führt dazu, dass die Produktion über weite Strecken verlagert werden muss, was zusätzliche Kosten für Kraftstoff, Arbeit, Transport und Produktionsverluste verursacht, die von der Wartezeit abhängen, was den Prozess nicht nachhaltig macht.

Szenarien

CCS El Vaquerito, UBPC 3 de Octubre, CPA 1ro de Enero.

Darsteller.

Mitglieder der SIAL-Plattform (CUM, CAM, CITMA, BANDEC, Raumplanung, Delegation für Landwirtschaft, Städtische Direktion für Wirtschaft und Planung, ACTAF, ANAP, UEB Agroforestry, Direktion, Massenmedien und Erzeuger).

Werkzeuge.

- Austausch und Geselligkeit, um den Zugang zu den Erfahrungen anderer Orte zu erleichtern, in denen Mini-Industrien eingerichtet wurden.

- Lernzyklen in Aktion.

- Innovationsprojekte für die lokale Entwicklung

6.   - Agrarökologie und Klimawandel.

Möglichkeiten

In den Produktionsstätten werden agrarökologische Alternativen eingesetzt, wie z.B. die Bodenverbesserung mit Cachaza, der Einsatz von Biostimulatoren und Bioregulatoren, die Verwendung biologischer Mittel zur Schädlings- und Krankheitsbekämpfung sowie die Bereitschaft der Erzeuger, wissenschaftliche Forschung und Innovation zu fördern. In einem der Betriebe des CCS "El Vaquerito" wird ein Unternehmensprojekt entwickelt und Forschung betrieben, wie z.B. das Produktionsverhalten von 17 Reissorten, die das Gebiet auch bei zahlreichen Veranstaltungen vertreten haben, darunter das XII Internationale Treffen für Agrarökologie, biologische und nachhaltige Landwirtschaft. Die Erzeuger haben die in der Agrarökologie verwendete Terminologie in ihren theoretischen Diskurs aufgenommen.

Beschränkungen.

Den Landwirten mangelt es an Wissen, Fähigkeiten und Einstellungen in Bezug auf den effizienten und ausreichenden Einsatz von Technologie, Wasser, Energie, die Bewirtschaftung der Bodenfruchtbarkeit, Schädlinge und Krankheiten sowie die Einführung von gegen den Klimawandel resistenten Arten und Sorten.

Herausforderung.

Förderung einer nachhaltigen Landwirtschaft auf agrarökologischer Grundlage, die die Anpassungsfähigkeit an den Klimawandel und dessen Abschwächung berücksichtigt.

Szenarien

CCS El Vaquerito, UBPC 3 de Octubre, CPA 1ro de Enero.

Darsteller.

Mitglieder der SIAL-Plattform (CUM, CAM, CITMA, BANDEC, Raumplanung, Delegation für Landwirtschaft, Städtische Direktion für Wirtschaft und Planung, ACTAF, ANAP, UEB Agroforstwirtschaft, Direktion, Massenmedien und Erzeuger), meteorologische Stationen von Jucaro und Venezuela.

Werkzeuge.

- Austausch und Geselligkeit, um den Zugang zu den Erfahrungen anderer Orte zu erleichtern, in denen Mini-Industrien eingerichtet wurden.
- Lernzyklen in Aktion.
- Partizipative Methoden für die Erzeugung und Nutzung organischer Stoffe (Wurmkultur, Kompost und Bioboden), Verwendung von stickstoffbindenden Pflanzen, Erzeugung und Nutzung effizienter Mikroorganismen, effiziente Bewässerungssysteme und Wasserwirtschaft, Nutzung erneuerbarer Energien, Bewirtschaftung der forstwirtschaftlichen Ressourcen. Umweltfreundliche Bodenvorbereitung und -aufbereitung, Einsatz von Pflanzenschutzmitteln, Insektiziden, Windschutz, Bioregulatoren und Biostimulanzien sowie integrierte Schädlings- und Krankheitsbekämpfung.
- Systematische Gestaltung des Betriebs.

7. - Jugend und Geschlecht.

Die Möglichkeiten.

In der Gemeinde Venezuela werden Maßnahmen mit geschlechtsspezifischem Schwerpunkt im Agrarsektor durchgeführt.

Beschränkungen.

Lokale Akteure mit kognitiven Unzulänglichkeiten, die das Mainstreaming und die Beseitigung von geschlechtsspezifischen Unterschieden im lokalen Szenario behindern.

Herausforderung.

Förderung der Gleichstellung der Geschlechter bei allen Aktionen des Programms.

Szenarien

CCS El Vaquerito, UBPC 3 de Octubre, CPA 1ro de Enero.

Darsteller.

Mitglieder der SIAL-Plattform (CUM, CAM, CITMA, BANDEC, Delegacion de la Agricultura, Direccion Municipal de Economia y Planificacion, ACTAF, ANAP, UEB Agroforestal, Massenmedien, Produzenten, Direccion Municipal de Trabajo y Seguridad Social, Federacion de Mujeres Cubanas). **Werkzeuge.**

- Zyklen des Aktionslernens zur Erleichterung des Wissensmanagements auf der Grundlage von Aktion-Reflexion-Aktion, mit Frauen und jungen Menschen entsprechend ihren Bedürfnissen, wobei Frauen Vorrang haben und zeitliche und terminliche Bedingungen für ihre Teilnahme geschaffen werden.
- Sensibilisierungs- und Schulungsworkshops zum Thema Gender und Jugend für lokale Akteure und Entscheidungsträger des lokalen landwirtschaftlichen Innovationssystems.
- Kommunikationsprodukte mit einer Perspektive der sozialen Gerechtigkeit, die auf allen Ebenen des lokalen landwirtschaftlichen Innovationssystems verstanden werden können, einschließlich der Erstellung und Verbreitung von audiovisuellen Produkten über das Leben und die Arbeit herausragender Frauen und junger Menschen im Agrarsektor, die ihre wissenschaftlichen und technologischen Fortschritte und bewährten Verfahren in diesem Sektor verbreiten.

2.3 - Notwendige Bedingungen für die Umsetzung des SIAL in der Gemeinde Venezuela.

Nach den Kriterien von Podesta (1999) ist die lokale Entwicklung ein Prozess, in dem eine lokale Gesellschaft unter Beibehaltung ihrer eigenen Identität und ihres Territoriums ihre wirtschaftliche, soziale und kulturelle Dynamik entwickelt und stärkt, indem sie die Artikulation jedes dieser Teilsysteme erleichtert, um eine größere Intervention und Kontrolle zu erreichen.

Für die Durchführung dieses Prozesses ist die Beteiligung der Akteure, Sektoren und Kräfte, die innerhalb der Grenzen eines bestimmten Gebiets interagieren, von grundlegender Bedeutung, und sie müssen ein gemeinsames Projekt haben, das Folgendes miteinander verbindet: "Wirtschaftswachstum, Gerechtigkeit, sozialer und kultureller Wandel, ökologische Nachhaltigkeit, Gleichstellung der Geschlechter, Qualität sowie räumliches und territoriales Gleichgewicht mit dem Ziel, die Lebensqualität und das Wohlbefinden der Einwohner zu verbessern". (Alberto, 2003)

Das Innovationssystem ist kohärent mit der Umsetzung vieler Leitlinien der Sozial-, Wirtschafts- und Politikpolitik der Partei und der Revolution für den Agrarsektor, daher stellen sie Bedingungen für die Umsetzung des SIAL in der Gemeinde Venezuela dar:
- Die Einbindung der Stadtverwaltung als der Akteur, der am besten in der Lage ist, dieses System zu organisieren und zu leiten bzw. für sein wirksames Funktionieren zu sorgen.
- Der Protagonismus und Aktivismus der Landwirte und lokalen Akteure, die an der Konzeption des SIAL beteiligt waren.

- Die Kultur der Partizipation als wesentlicher und bestimmender Bestandteil des Systems.
- Die Kultur der lokalen und partizipativen Innovation als treibende Kraft für Innovation in der Region.
- Die Entwicklung von Kapazitäten bei den lokalen Akteuren zur Anwendung bewährter Praktiken im landwirtschaftlichen Kontext auf der Grundlage von Lernzyklen durch Prozesse der Aktion-Reflexion-Aktion, die Wissen und Fähigkeiten entwickeln, die sich in innovativen Einstellungen niederschlagen, die der lokalen Entwicklung, die sich durch ihre Kreativität und Identität auszeichnet, förderlich sind.

Für die Umsetzung des SIAL in der Gemeinde Venezuela sind eine Reihe von Schritten erforderlich, ohne die seine Umsetzung unmöglich wäre.

Schritte für die Umsetzung des SIAL.

1. die Produktionsformen und Akteure in der Kette, die Innovationen nachfragen, zu bestimmen: Es handelt sich um diejenigen, die die Nachfrage nach Innovationen erzeugen und eine führende Rolle bei deren Verwaltung spielen, sowie um die einzelnen Erzeuger und andere lokale Akteure, die ihre jeweiligen natürlichen, physischen, menschlichen, soziokulturellen und wirtschaftlich-finanziellen Ressourcen in den Dienst der landwirtschaftlichen Innovation stellen.

2. Schaffung lokaler landwirtschaftlicher Innovationsgruppen (GIALs): Sie sind ein Zusammenschluss verbündeter Akteure, die sich mit gemeinsamen Herausforderungen und Interessen konfrontiert sehen und durch Innovation Lösungen im sozioökonomischen und produktiven Bereich erarbeiten. Direkte Nutznießer der Innovation, die sich zusammenschließen, um eine Herausforderung oder einen Bedarf für die lokale Entwicklung zu lösen.

3. Schaffung der Multi-Stakeholder-Management-Plattform (PMG). Ein Raum für die Konzertierung und Artikulation von Akteuren, der sich durch die prominente Beteiligung von Agrarproduzenten, Landwirten und Bauern auszeichnet. Ein Raum, in dem Interessen, Agenden, Politiken, Programme und konkrete Maßnahmen in Einklang gebracht werden, die den kommunalen Strategien entsprechen und diese bereichern. Hier werden auch Lösungsvorschläge für die bestehenden "Engpässe" in den Agrar- und Lebensmittelketten des Gebiets erarbeitet.

4. Bilden Sie ein Hilfsteam zur Erleichterung. Dies sind Personen mit den Fähigkeiten, das Funktionieren der Systemstrukturen und der spezifischen Innovationsprozesse zu erleichtern, anzuregen oder zu katalysieren, und sie verlassen das Team, sobald dieser Zweck erfüllt ist. Sie können aus mehreren Institutionen kommen.

5. Abstimmung der lokalen Bedürfnisse mit der kommunalen Agrarentwicklungspolitik und -strategie. Vorhandensein lokaler Bedürfnisse und deren Beantwortung durch lokale Entwicklungsstrategien.

6. Planung lokaler landwirtschaftlicher Entwicklungsstrategien unter Berücksichtigung der SIAL-Managementzyklen. Dabei handelt es sich um Entwicklungsmaßnahmen auf der Grundlage von Lernzyklen in Aktion durch Prozesse der Aktion-Reflexion-Aktion, die die Entwicklung von Wissen, Fähigkeiten und Einstellungen ermöglichen, die auf neue Praktiken im Hinblick auf die lokale Entwicklung angewendet werden können.

In diesem gesamten Prozess ist die Rolle der lokalen Regierung entscheidend, die das SIAL verwaltet und koordiniert, um den lokalen Bedarf an landwirtschaftlicher Innovation mit den Entwicklungsprioritäten auf territorialer Ebene in Einklang zu bringen und die organische Verbindung mit dem Wissenschafts- und Technologie-Innovationssystem zu ermöglichen. Sie ist der Akteur mit der größten Kapazität zur Umsetzung und Leitung des Systems. Er nimmt die lokalen Entwicklungsanforderungen auf und bringt sie mit den kommunalen, überkommunalen und institutionellen Interessen in Einklang, um lokale Entwicklungsstrategien zu entwickeln. Auch Institutionen und Organisationen begleiten, unterstützen und erleichtern Innovationsprozesse, bereichern die lokalen Entwicklungsherausforderungen und verbinden sie mit ihren eigenen nationalen Agenden und Herausforderungen.

Um das lokale landwirtschaftliche Innovationssystem in den Kontext der Realität der Gemeinde Venezuela zu stellen und dabei die Stärken und Schwächen auf der Makro- und Mikroebene zu berücksichtigen, wird ein Aktionsplan mit mehreren Interessengruppen als Weg zur Umsetzung des SIAL vorgeschlagen. Dies wäre der Schlüssel zum Erfolg, um eine nachhaltige landwirtschaftliche Entwicklung in der Gemeinde Venezuela zu erreichen, die sich auf Partizipation, Dialog, Wissensaustausch, Horizontalität, Inklusion, Gleichheit und soziale Gerechtigkeit konzentriert.

Aus diesen Ansätzen wird der folgende Aktionsplan als maximaler Ausdruck der Integration der lokalen Akteure vorgestellt:

Tabelle 5: Multi-Stakeholder-Aktionen zur Einführung des SIAL in der Gemeinde Venezuela. Persönliche Ausarbeitung

STAGES	Aktionen	Verantwortlich	Ressourcen	Datum
mmen Sie sie Produktionsformen Akteure der Nachfrager Innovationen	Besti usch mit politischen und staatlichen Stellen für die Analyse der Kette, Produktionsgrundlagen mit dem Ziel Potenziale für die Umsetzung von SIAL. Austa	CUM-CAM	Datenbanken des Landwirtschaft	1. vierzehn Tage im Febr uar 2018.
	Sitzungen Austausch und Sensibilisierung mit die Adressen der produktiven Basen für die Umsetzung von SIAL.	CUM-CAM	SIAL-Dokumente	2. Februarhälfte
	Anwendung von Diagnosewerkzeuge.	CUM	Diagnoseinstrumente (Interview mit Frauen, Gruppe von Frauen, Gruppe von	

	Diskussion CUM, CAM und die lokale Landwirtschaft und Akteure (Regierung, Universität, Industrie) produktiv mit Schwerpunkt auf CCS, UBPC, UEB, CPA)	Partizipative Workshops, Wissensdialog mit Landwirten und Produzenten.	Oktober 2018
DefinirGI ALs Volksräte und PMGs und erleichtern ihre Arbeit	Bildung der LAGs entsprechend ihrer Interessen und Bedürfnisse auf der Grundlage der verschiedenen Aktivitäten, die durchführen.	Gemeindeverwaltung und CUM.	
	Kartierung der Standorte von Betrieben und nach dieGIALs gebildet.	Vermittlungsgruppe, GIAsL Leiterund CUM	Karte der landwirtschaftliche Datenbanken, mapinfo.	Gemeinde, Oktober 2018
	alisierung von	Sozi Vermittlungsgruppe,	senvon	Mes November

bewährte Verfahren aus den GIALs und CUMs GIALs		Agro-Diversität, Feldschulen, Convivencias.	2018
Concertacion de Räume Austausch zwischen Erzeuger in landwirtschaftlichen Betrieben und Einheiten und Forschungszentren.	Vermittlungsgruppe, und CUMs	GIALs Interaktiver Workshop über bewährte Praktiken. Convivencias. Partizipative Experimente für Landwirte	Stand: November 2018
Ba u und gemeinsame Gestaltung des Aktionsplans und Jahresplan des Plattform.	Stadtverwaltung, Vermittlungsgruppe GIAL	UNICA, ngen und Konzertierung.	Sitzu Dezember 2019
Gestion del Wissen über Funktion von Interessen und braucht Hersteller von	Erleichterungsgruppe, CUM GIAL	e nach Informationen, kommunikative Produkte, Gespräche, Treffen mit Spezialisten,	Such Dauerhaft

die GIALs.			
Diagnose für die bung von neues Wissen.	die Erhe	Erleichterungsgruppe, UNICA und GIAL	Produzenten oder Leiter, Schule für Landwirt(en), Mikro-Zuschüsse. Erhebungen, Interviews, Fokusgruppen.	Dauerhaft
rbeitung Projekte für lokale Entwicklung	Ausa	Gemeindeverwaltung, Erleichterungsgruppe, UNICA und GIAL	Convocatoriasde Projekte für lokale Entwicklung , Quellen aus Finanzierung für Projekte lokale Entwicklung.	Erstes Halbjahr 2019
Schaffung von Austauschräumen für die Debatten, Überlegungen für die Bildung und Ausbildung Zone n von Lernen	pe von deratoren und Katalysatoren, UNICA, derCAM.	Grup Messen und Feste agrarökologisch, Mo kreislauforientiert Landwirtschaft, Betriebsbesichtigungen, Schaffung von Projekten, Bewegung der	Laut Plan ich Jährl Aktivitäten

Maßnahme	Beschreibung	Akteure	Produkte	Termin
	Sozialisierung der in den folgenden Bereichen erzielten Ergebnisse Lernen geschaffen.	Gruppe von Moderatoren und Katalysatoren, UNICA, CAM, Medien lokale Kommunikation und der Provinz. Frauen auf dem Land , Jugendbewegung Landwirte, etc.	Kommunikationsprodukte, Broschüren, Faltblätter und wissenschaftliche Artikel.	Dauerhaft
Schaffung der Multi-Stakeholder-Plattform (PMG). Verwaltung Weltraum Konzertierung und Artikulation	Sie motivieren verschiedene Akteure in dem Gebiet, um ent sprechen	CUM, ATAF, CITMA, MINAG	Kommunikatives Produkt, Broschüren, Artikel, Tutorial. 2018	März
Schauspieler	Auswahl lokale Akteure, die Teil der Plattform sein sollen.	CUM, ATAF, CITMA, MINAG	usch mit Schauspieler. Gruppenarbeit um die Rollen zu bestimmen.	Austa Februar 2018
	Legalisier ung der Plattform.	CAM-CUM	Audiovisuelle Medien. Biographische Skizze von derCAM	2. Treffen

Erstellen Sie das Team Moderationsassistent	Genehmigung durch die CAM der Plattform		die Mitglieder	Juni 2018
	Definition von Methodik für die Durchführung der Durchführung Maßnahmen	Mitglieder des Plattform der	Met hodisches Dokument von Betrieb der Plattform	Sep-Okt 2018
	Verse nden mit politische und staatliche Behörden	CAM und UNICA	Produkte für die Kommunikation	Februar 2018
	Sitzungen Austausch und Sensibilisierung mit PMG, GDL, CAM.	CAM und UNICA	Lieferung von ergänzenden Kommunikationsprodukte n, Begleitmateria l	März 2018
	Sozi alisierung von SIAL im ko mmunalen Kontext und der Provinz.	UNICA, TV avilena, ETECSA, Regierung Gemeinde.	Informationsschreiben Fernsehsendungen und Werbespott. Medien aus Lokale und provinziale Kommunikation (Radio Surco, Radio Sabana laMar , Periodico	Februar 2018

Sozialisierung und des SIAL die Verbreitung über Organisationen politische Massen	Politische und Massenorganisationen, CUM, UNICA.	Eindringling, Produkte für die Kommunikation	Sep 2018
Conf ormaciondel Gruppe von Ermöglichern und Katalysatoren, die die SIAL-Einführung.	Gemeindeverwaltung und UNICA	Partizipative Workshops, Wissensdialog mit Landwirten und Produzenten.	Februar 2018
Auswahl lokale Akteure, die in die zweite Auflage des Diplomstudiengangs aufgenommen werden sollen	Lokale Akteure CUM-CAM und MINAG	Mater ialien aus Diplom	Ener ode 2019
Foll ow-up und Bewertung der lokalen Akteure, die in die zweite Auflage des Diplomstudiengangs	CUM-CAM und MINAG	Gruppendynamik und agen Zufriedenheit.	Umfr Ener ode 2019
Sie Identifizierung in der Gruppe zu versöhnen	CUM und	Diskussionsgruppen,	Ab dem

	Erleichterung/Katalysator	Ta Sep. 2018
lokale Anforderungen mit Richtlinien y kom munal Entwicklung der Landwirtschaft. CAM- und MINAG-Arbeitsgruppen, die Räume , die ihnen gehören Gelegenheiten, die ermöglichen zu identifizieren Forderungen (Vorh Bewusstseinsbildung andensein von Stakeholder -CCS, UBPC und CPA; Equity-Ansatz) lokale Anforderungen und ihre Reaktion durch Strategien der		uschbörsen und Debatten.
lokale Entwicklung. Förderung von Austauschworkshops für Schlichtungsaufforderungen der Strategie mit diesen Identifikationen im Kontext der produktiv.	Erleichterungsgruppe, UNICA und GIAL	Diskussionsgruppen, Au stausch und Debatten.
Besuch und Austausch von Erfahrungen fortgeschrittener Prod uzenten in Prozesse	Erleichterungsgruppe, UNICA und GIAL	Produktiver Handlungskontext.

42

lokale Innovation oder lokales Unternehmertum.			
Gen eracionde Sozialisierung der en Erfahrungen und der gute Praxis. Räume für gesammelt	Gemeindeverwaltung, Erleichterungsgruppe, UNICA und GIAL	Besuchen Sie agrarökologische Referenzen, Austausch zwische n Produzenten, Messen, Festivals, Ausstellungen, Kommunikationsprodukte, Workshops, Wettbewerbe.	Co Laut Veranstaltungspl an
Teilnehmen an Veranstaltungen, die von den verschiedenen Organisationen Massen, Politik, ANAP, ATAF, MINAGRI, CITMA, FMC, UJC.	Gemeindeverwaltung, Erleichterungsgruppe, UNICA und GIAL	nvocatoriasa Veranstaltungen an der Basis, kommunal, provinziell, onal international. an nati	
ausch von	Aust Stadtverwaltung,	Messe der Vielfalt	Nach Plan

Erfahrungen mit Produzenten (a)s aus anderen Gemeinden avilenos, provinziell und international.		Erleichterungsgruppe, UNICA und GIAL	international al bei Provinziale und lokale Messen.	Jährlich von Aktivitäten
Verbreitung von Funktionsweise, Ergebnisse und Auswirkungen des SIAL in der Gebiet.	Mittel der Lokale und provinziale Kommunikation (Radio SabanalaMar, RadioSurco, newspaperInvader, ProgrammPoint von Giro und ETECSA).		Kommunikationsprodukte, Spott Fernsehen und Radio.	Dauerhaft
Systematisierung von bewährte Praktiken.		Erleichterungsgruppe, UNICA, Regierung kommunal, GIAL	Briefing-Notizen, Berichte der Geschäftsführung, Bücher, Artikel wissenschaftliche, kommunikative Produkte, Tutorials.	
Confeccionde audiovisuelle Medien, Lehrgänge und Materialien		Erleichterungsgruppe, UNICA, Regierung kommunal, GIAL,CUM	Audiovisuelle Medien und unterstützende Materialien.	

	der Unterstützung für Belege für jede Multi-Stakeholder-Aktion enthalten.			
	Veröffentlichung von wissenschaftliche Artikel in von Experten Interview Produzentenleiter die sich durch ihre guten Praktiken bei Avila TV	CUM, UNICA, GIAL InteGIAL, CUM, Stadtverwaltung.	Referenzen von bewährte Verfahren und unterstützende Materialien. Beweise für bewährte Praktiken in führende Hersteller.	
Planung von Entwicklungsstrategien agropecuariolokal zu finden unter	Motivation, Workshops Sensibilisierung der lokalen Akteure.	Gemeindeverwaltung, Erleichterungsgruppe, UNICA und GIAL	Kommunikative Produkte, Ausstellung von Ergebnisse, Messen, Wettbewerbe, Workshops.	Dez 2018
Die Verwaltungszyklen des SIAL werden berücksichtigt.	Diagnose von produktives Umfeld, sozial und Umwelt.	Gemeindeverwaltung, Erleichterungsgruppe, UNICA und GIAL	Umfrage, Interview und Fokusgruppe.	

Kartierung der Wahrnehmungsebenen von Problemen, Po tenzialen und Forderungen.	Gemeindeverwaltung, Erleichterungsgruppe, UNICA und GIAL	Umfrage, Interview und Fokusgruppe.
Dise node alität Aktion. Mod	Gruppe zur Erleichterung, UNICA und GIAL	Workshops, Techniken NOPS; Gruppen von Diskussion.
Sozialisierung von Ergebnisse Betrieb und der GIALalcontext Gemeinde.	I der lokale und provinziale Kommunikation (Radio InvasiveFurrow Programm Punto de Giro und ETECSA).	Mitte Notainformativ , TV- und Radiospots,

Um die Innovation in der Gemeinde Venezuela aufrechtzuerhalten und nachhaltig zu gestalten, ist es notwendig, dass die Akteure, die die Plattform bilden, als Sauerstofflieferanten für die GIALs fungieren, da sie die grundlegende Zelle der lokalen Entwicklung darstellen.

Auf diese Weise können Erzeuger, Akteure und Entscheidungsträger aktive Protagonisten der wichtigsten Veränderungen sein, die vor Ort stattfinden und die sich in der täglichen Ernährung der Venezolaner so niederschlagen, dass sie sich zufrieden und motiviert fühlen, sich mit ihrem Ort zu identifizieren.

Schlussfolgerungen

1. Die Diagnose und Charakterisierung des landwirtschaftlichen Systems in der Gemeinde Venezuela in der Provinz Ciego de Avila hat gezeigt, dass es in sozialer, wirtschaftlich-produktiver und ökologischer Hinsicht über das Potenzial verfügt, die nachhaltige endogene Entwicklung des Gebiets zu fördern, dass aber die unzureichende Integration zwischen den lokalen Akteuren die lokale Entwicklung stagnieren lässt.

2. Die Vorherrschaft von Beziehungssystemen zwischen lokalen Akteuren, die auf Vertikalität beruhen, führt zu einer Schwächung der Bildung von Wissensnetzwerken und eines konstanten Informationsflusses im lokalen innovativen System.

3. Es wurde ein lokales Entwicklungsprogramm entworfen, um die wichtigsten Herausforderungen des Gebiets in Bezug auf die ausgewählten produktiven Grundlagen unter Berücksichtigung ihres Potenzials und ihrer Schwächen anzugehen, sowie ein Plan für sektorübergreifende Maßnahmen zur Umsetzung des SIAL in der Gemeinde Venezuela. Beide basieren auf der Kultur der Partizipation und gehen von den Grundsätzen der Beteiligung, des Dialogs und des Wissensaustauschs aus, um die lokale Entwicklung zu fördern.

Empfehlungen

Die Sondierungsstudie über den landwirtschaftlichen und den Innovationskontext in der Gemeinde Venezuela hat gezeigt, dass dies notwendig ist:

S Sozialisierung der Erfahrungen, die bei der Ausarbeitung des Programms und des Plans der   Multi-Stakeholder-Aktionen für das Programm gesammelt wurden, unter den lokalen Akteuren.

Umsetzung des SIAL in der Gemeinde Venezuela.

S Damit die SIAL in der Gemeinde wirksam ist und Fortschritte sichtbar werden, müssen die Indikatoren festgelegt werden, die es ermöglichen, ihr Funktionieren zu messen.

S Die Umsetzung des SIAL in der Gemeinde Venezuela sollte maximal den Paradigmenwechsel in den sozialen Beziehungen zum Ausdruck bringen, der zu Fortschritten in der Nahrungsmittelproduktion, bei der Schaffung von Arbeitsplätzen mit Eingliederung und bei der Förderung gesunder Nahrungsmittel aus nachhaltiger Produktion auf agrarökologischen Grundlagen mit Anpassungsfähigkeit an den Klimawandel durch Interaktionen, Wissensfluss, Lernen, Technologietransfer, Schaffung von Vorteilen im Agrarsektor und anderen führt.

Literaturverzeichnis

Altieri (1994). Das Agrarökosystem: Determinanten, Ressourcen und Prozesse. Ausgabe 2011-2012.CD des Bakkalaureatsstudiums in Pädagogik, Fachrichtung Agronomie. Plan D. Bibliographische Materialien.

Rat der Verwaltung der Stadtverwaltung von Venezuela (2018). Umfassendes Entwicklungsprojekt (PDI) der Stadtverwaltung von Venezuela.

Cepeda, M.; Nates Parra, G. und Tellez, G. (2008). Kommerzialisierung von Produkten der Meliponikultur in Kolumbien. Proceedings. V Mesoamerikanischer Kongress über stachellose Bienen. Merida, Yucatan, S. 36.

Da Silva, C. I.; Gomes, N.; Correia, L. und Garofalo, C.A (2012).The importance of plant diversity in maintaining the pollinator bee, Eulaemanigrita (Hymenoptera: Apidae) in sweet passion fruit fields. Rev. Biol. Trop. (Int. J. Trop. Biol. ISSN-0034- 7744) Vol. 60 (4),pp.1553-1565.

Direccion Provincial de Planificacion Fisica (2015). Esquema Provincial de Ordenamiento Territorial hasta el 2030 de la provincia Ciego de Avila. Gedrucktes Format.

Fawaz, M.J. und Vallejos, R C. (2008).Construyendo participacion ciudadana a nivel local. La experiencia de los pequenos productores agropecuarios de la provincia de Nuble. Revista Theoria, Vol. 17 (1), S. 19-32.

Leitlinien der Wirtschafts- und Sozialpolitik der Partei und der Revolution (2011), S. 26-28.

La O et al. (2017). Bewährte Verfahren für lokale landwirtschaftliche Innovationen. Ein partizipativer Ansatz für das Entwicklungsmanagement. INCA Editions. ISBN 978-9597023-93-7.

Leal et al. (2016). Die Meliponabeecheiibennet-Biene in Schutzgebieten in der westlichen Region Kubas. Wissenschaftlicher Artikel in Revista Forestal Baracoa Vol. 35, Sonderausgabe 2016. ISSN: 2078-7235.

Morrissey, J. (2000), Indicators of citizen participation: lessons from learning teams in rural EZ/EC communities. Zeitschrift für Gemeindeentwicklung, Vol. 35, Nr. 1, S. 5974.

Nates-Parra, G. (2001). Die stachellosen Bienen (Hymenoptera: Apidae: Meliponini) von Kolumbien. Biota Colombiana 2 (3), S. 233-248.

Nates-Parra, G. (2005).Manejo Integrado de Plagas y Agroecologia (Costa Rica) Nr. 75, S. 7-20. Nunez, J. (2014). Universität, Wissen, Innovation und lokale Entwicklung. Havanna: Felix Varela.

Ortiz, R; La O, Manuel und Miranda, Sandra (2017). Curso Sistema de Innovacion Agropecuario Local: conformacion y formulacion. Texto de apoyo al diplomado para la implementacion del Sistema de Innovacion Agropecuario Local. Mayabeque: Ediciones INCA. ISBN 978-959-7023-906 ONEI 2015.

Ortiz, et al. (2017). Building a culture of participation. Sistema de Innovacion Agropecuario Local: Texto de apoyo al diplomado para la implementacion del Sistema de Innovacion Agropecuario Local. Mayabeque: Ediciones INCA ISBN 978-959-7023-906.

Nationales Amt für Statistik und Information (2012). Volks- und Wohnungszählung. Havanna. ONEI.

Nationales Amt für Statistik und Information (2012). Anuario Estadistico. Havana. Abrufbar unter http://www.onei.cu.

Romero etal. (2017). Auf dem Weg zu einem partizipativen Management der lokalen Entwicklung. Texto de apoyo al diplomado para la implementacion del Sistema de Innovacion agropecuario Local. Mayabeque: Ediciones INCA ISBN 978-959-7023-906.

Vazquez, A. (2004): Endogene Entwicklung und Globalisierung. Revista Eure. Band XXVI (79), Santiago de Chile.

Anhänge

Anhang 1. Tabelle über die Verfügbarkeit von Maschinen nach Produktionsstandorten.

Produktive Formulare	Produktive Einheit	Gummi Traktor	Landwirtschaftliche Geräte				Zugewiesene Fläche (Ha)
			Vorbereitung des Bodens	Aussaat und Kulturpflege	Ernte	Transportmittel	
CCS	Capitan San Luis	2	3	0	0	0	
	El Vaquerito	4	2	0	0	0	
	Niceto Perez	1	2	0	0	0	
CPA	1. Januar	8	6	3	1	2	
	Hector Diaz	7	5	1	1	3	
Geschäftsf	UEB Büffel	4	3	0	1	2	

eld

	UEBAcope	1	0	0	0	0	
	UEB-Schweine	3	0	0	0	2	
	UEB Silvicola	2	0	0	0	2	
	Cubasoy	55	32	72	0	40	
	UEB Integral	7	4	3	0	1	
UBPC	3. Oktober.	3	17	0	0	1	
Personen Natürlich	3. Oktober	17	126	15	1	146	1127.86
	CCS Vaquerito	73					
	CCS Capitan San Luis	18					
	CCS Niceto Perez	11					
	CCS NestorBonachea	1					
	CCS Pedro Martinez Brito	1					
	CPA El Vaquerito	1					
	CPA Hector Diaz	8					
	CPA Ramon Dominguez de la Pena	1					
Andere	CNCT Städtische Direktion	1	0	0	0		
Summen		228	228	200	94	4	199

Anhang 2.

Interviews mit Frauen

Zielsetzung: Bewertung der Stellung der venezolanischen Frauen in der gegenwärtigen landwirtschaftlichen Situation im Hinblick auf ihre Rolle, ihren Zugang zu Produkten und Dienstleistungen, ihre Selbstentfaltung und ihre Entscheidungsfindung.

1. Art der Arbeit, die Frauen und Männer verrichten und welche Rolle sie dabei spielen (reproduktiv, produktiv oder gemeinschaftlich).

2. Von Frauen und Männern besetzte Positionen (Erkundung des Vorstands und der Funktionen innerhalb der Genossenschaft).

3. Wenn sie eine Stimulation erhalten, welche und welche sie erhalten.

4. An welchen Entscheidungen der Genossenschaft sind die Frauen beteiligt und an welchen die Männer?

5. Werden die praktischen Bedürfnisse der Frauen erfüllt (Toiletten in den

Produktionsstätten, Kleidung und Schuhe in frauengerechter Größe, frauengerechte Arbeitsgeräte, Besprechungszeiten usw.)?

6. Sind Schulungsmaßnahmen und Veranstaltungen geplant? An welchen Veranstaltungen nehmen Frauen und Männer teil? Wer kontrolliert die wichtigsten Ressourcen und Inputs in der Kooperative?

Anhang 3

DISKUSSIONSGRUPPE (Regierung, CUM, Landwirtschaftsmanager.

Ziel: Ermittlung des Kenntnisstandes der lokalen Akteure im Bereich der Landwirtschaft.

1. Welches sind die wichtigsten landwirtschaftlichen Erzeugnisse der Gemeinden, in denen die Maßnahme durchgeführt wird?

2. Gibt es eine kommunale Entwicklungsstrategie? Welchen Platz nimmt die landwirtschaftliche Entwicklung in dieser Strategie ein? Welche Rolle spielt die Gemeindeverwaltung?

3. Welche Maßnahmen schlagen diese Gemeinden vor, um die Entwicklung der Landwirtschaft zu fördern?

4. Welches sind die Hauptakteure der landwirtschaftlichen Produktion in diesen Gemeinden? Welche anderen Akteure sollten einbezogen werden und warum?

5. Sind die Akteure artikuliert oder arbeiten sie auf der Grundlage ihrer eigenen Ziele und Agenden?

6. Ist das von den Aktionsgemeinden vorgeschlagene Modell der landwirtschaftlichen Entwicklung nachhaltig? Warum?

7. Welche Art von Landwirtschaft betreiben Sie (auf agro-ökologischer Basis?).

8. Wie beurteilen Sie den Grad der Nachhaltigkeit des Modells und der eingesetzten Technologien und warum?

9. Was sind Ihrer Meinung nach die wichtigsten Nachhaltigkeitslücken (wirtschaftlich, sozial, technologisch und ökologisch) des vorherrschenden Produktionssystems?

Anhang 4

Diskussionsgruppe lokaler Interessengruppen (Regierung, Universität, produktiver Sektor mit Schwerpunkt auf CCS, UBPC, UEB, CPA)

Ziel: Ermittlung des Kenntnisstands der lokalen Akteure im Bereich der Landwirtschaft.

1. Gibt es in der Gemeinde einen Raum für Konsultationen?^Wer nimmt daran

teil?^Wie oft?

2. Gibt es landwirtschaftliche Strategien, Programme und Projekte zur Förderung der lokalen Entwicklung? Identifizieren Sie die strategischen Linien.

3. Ermittlung der Übereinstimmung zwischen den lokalen Prioritäten für landwirtschaftliche Innovationen und den Innovationsergebnissen.

4. Durchführung einer kurzen Analyse der wichtigsten lokalen Produktionsstrukturen (Mini-Industrie, Saatgutbank, Biogas, Biogasanlagen, lokales Kunsthandwerk usw.) in der Gemeinde.

5. Identifizieren Sie die in der Gemeinde geförderten Maßnahmen zur landwirtschaftlichen Entwicklung.

6. Identifizierung der Lücken, die die landwirtschaftliche Entwicklung behindern.

7. Zeigen Sie auf, wie das System zur Förderung der landwirtschaftlichen Entwicklung funktioniert: Wie finden Beteiligung, kollektiver Protagonismus und Wissensdialog statt?

8. Welches sind die Räume des Austauschs, die sich mit dem Netzwerk des Wissens und der Innovation für die Entwicklung der Gemeinde des Handelns verbinden? Wie ist es strukturiert? Wie funktioniert es? Nennen Sie die wichtigsten Ergebnisse im Bereich der Landwirtschaft.

9. Welches sind die wichtigsten Finanzierungsquellen, die in der Gemeinde zur Förderung der lokalen Entwicklung zur Verfügung stehen?

10. Welches Potenzial für das Wissensmanagement wird in den Aktionskommunen identifiziert: Lehr- und Forschungszentren, andere Innovationsakteure in der Kommune (auch wenn sie nicht Teil von Wissens- und Innovationsnetzwerken sind).

11. Welches relevante Wissen wurde in diesen Gemeinden produziert? Welches traditionelle Wissen gibt es in der Gemeinde? ^Wie wird es verbreitet und genutzt?

12. Gibt es in den Einsatzgemeinden solche Formen der Ausbildung für lokale Akteure der landwirtschaftlichen Entwicklung?

13. Halten Sie es für sinnvoll und notwendig, in Ihrer Provinz Schulungsmaßnahmen für lokale Akteure der landwirtschaftlichen Entwicklung durchzuführen? Für wen ist sie geeignet? Wie würde sie zur lokalen landwirtschaftlichen Entwicklung beitragen?

14. Wen würden Sie anrufen, um die Idee zu motivieren, und welche Schritte müssten Sie unternehmen, um sie zu verwirklichen?

I want morebooks!

Buy your books fast and straightforward online - at one of world's fastest growing online book stores! Environmentally sound due to Print-on-Demand technologies.

Buy your books online at
www.morebooks.shop

Kaufen Sie Ihre Bücher schnell und unkompliziert online – auf einer der am schnellsten wachsenden Buchhandelsplattformen weltweit! Dank Print-On-Demand umwelt- und ressourcenschonend produzi ert.

Bücher schneller online kaufen
www.morebooks.shop

info@omniscriptum.com
www.omniscriptum.com

MIX
Papier aus verantwortungsvollen Quellen
Paper from responsible sources
FSC® C105338

Printed by Books on Demand GmbH, Norderstedt / Germany